대한민국
도시농업의
미래를 말하다

서울을 갈다

서울을 갈다

ⓒ 김성훈 · 이해식 · 안철환 2013

초판 1쇄 발행일 2013년 11월 18일

지 은 이 김성훈 · 이해식 · 안철환
정　　리 김석기
펴 낸 이 이정원

출판책임 박성규
편집책임 선우미정
편집진행 김재은
편　　집 김상진 · 한진우 · 김솔
디 자 인 김세린 · 김지연
마 케 팅 석철호 · 나다연
경영지원 김은주 · 이순복
제　　작 송세언
관　　리 구법모 · 엄철용

펴 낸 곳 도서출판 들녘
등록일자 1987년 12월 12일
등록번호 10-156
주　　소 경기도 파주시 교하읍 문발리 출판문화정보산업단지 513-9
전　　화 마케팅 031-955-7374　편집 031-955-7381　경영지원 031-955-7375
팩시밀리 031-955-7393
홈페이지 www.ddd21.co.kr

ISBN 978-89-7527-658-3(14520)
ISBN 978-89-7527-160-1(세트)

값은 뒤표지에 있습니다. 잘못된 책은 구입하신 곳에서 바꿔드립니다.

대한민국
도시농업의
미래를 말하다

서울을 갈다

김성훈, 이해식
안철환이 이야기하고
김석기가 정리하다

들녘

| 차례 |

1부 도시를 갈다
서울에서 농사를 짓는다? •8
도시농업은 농촌의 밥그릇 빼앗기? •14
지역 공동체에 활기를 불어넣는 도시농업 •23
가짜 도시농업? 식물 공장의 등장 •35
쿠바를 살린 도시농업 •48

2부 씨를 뿌리다
텃밭을 시작하다 •62
도시에서 텃밭 확보하기 •69
확산되는 텃밭 •76
누구나 지을 수 있는 텃밭 농사를 위해 •82

3부 꽃을 피우다
낙엽과 음식물쓰레기, 자원을 순환시키다 •88
유기농산물, 30%만 먹어도 된다 •98
학교 급식과 도시농업은 좋은 친구 •102
지역의 농민들도 함께하다 •111

4부 씨를 받다

진정한 도시농업을 위한 나무 심기 •122

학교 텃밭, 돈 주고도 받지 못하는 자연 교육 •128

직접 기른 농산물을 우리 동네 시장에서 •135

도시농업으로 도시에 영원한 생명을 •140

유기농으로 일으키는 생활 혁명, 지역 살리기 •147

도시농업에 대한 남은 이야기 •154

1부

도시를 갈다

서울에서 농사를 짓는다?

안철환: 이번에 두 분이 나누실 대화의 제목이 '서울을 갈다'입니다. 조금은 도발적인 제목입니다만, '갈다'는 말이 영어로는 'culture'이니 문화라는 뜻도 됩니다. 결국 문화라는 것도 농사에서 왔다는 걸 알 수 있지요. 그러니까 서울을 갈아야 서울에 참된 문화가 올 수 있다는 뜻도 될 것 같습니다. 오늘은 좀 편하게, 형식에 얽매이지 않고 도시농업을 주제로 자유로이 대화를 나누었으면 합니다.

김성훈: 많은 사람들이 얼마든지 도시농업을 할 수 있어요. 빈 땅, 빈터, 빈 공간을 확보할 수 있어요. 서울 같은 대도시에서 제일 눈여겨봐야 할 곳이 건물 옥상이에요. "베란다가 없는 사람은 어떻게 하느냐", "텃밭이 없는 사람은 어떻게 하느냐"고 하는데, 내가 옥상에서 농사지어보니까 잘돼요.

이해식 강동구청장(좌)과 김성훈 전 농림부 장관(우)의 대담 모습.

안철환: 맞습니다. 베란다가 어렵지, 옥상은 농사가 잘돼요. 하지만 선생님은 실력 있는 농부시니까 그렇지, 옥상도 농사 안 지어본 사람은 어려워요.

김성훈: 가만 있자, 농사는 안철환 선생보다 내가 더 오래 지었을 걸요? 나는 오리, 닭, 돼지 기르는 것까지 아주 잘해요!

안철환: 하하하, 경제학자이신데 언제 농사를 지어보셨어요?

김성훈: 농업경제학과는 협동조합을 공부하려고 들어간 거고, 내가 원래는 4H[1] 회원이었어요. 지금은 4H 고문이에요. 재작년에는 '자랑스러운 4H 회원상'까지 받았어요. 1953년, 중학교 3학년 때부터 회원이었거든요.

---

1 농촌생활 개선을 목적으로 하는 세계적인 청소년 민간단체로 '실천을 통해 배운다' 는 취지를 가지고 있다.

4H에서 민주적인 회의 진행 방법 같은 걸 남보다 일찍 배웠지요. 민주주의 교육만 받은 게 아니에요. 그때 각자 프로젝트 과제를 하나씩 맡았어요. 그래서 아버지 땅에서 일부를 떼어서 작물도 심고 가축도 길렀는데, 닭하고 오리는 중학교 3학년 때부터 길렀어요. 그때부터 농사를 지었으니 얼마나 오래 전이에요?

안철환: 지금 박원순 시장을 비롯해 서울 25개 자치구에 농사를 좋아하는 단체장들이 들어서서 거의 모든 자치구에서 도시농업을 시작했습니다.

김성훈: 먼저 강동구에서 불을 질렀고, 박원순 시장이 마음에 담고 있던 걸 힘을 얻은 뒤 추진했죠. 거기에 내가 괴산에 있는 '흙살림'의 이태근 회장을 싱크탱크(think tank)로 연결해줬어요. 그 실천의 첫 걸음으로 한강대교 밑 노들섬에 노들 텃밭을 만들었고, 광화문까지 나아갔죠. 거기에 국회가 움직여서 이제 도시농업 관련법까지 만들었어요. 농식품부가 뒷북을 치면서 부랴부랴 도시농업을 한다고 나서는데, 도시농업은 농식품부가 할 일이 아니라 안전행정부에서 해야 할 일이죠. 농식품부는 농촌에 있는 농민을 대상으로 정책을 펴야죠. 지금은 한술 더 떠서 식물 공장을 만들면서 도시농업이라고 부르니까 여러 시민 단체에서 반발하고 있죠. 청장님이 도시농업에 관심을 갖게 된 개인적인 에피소드는 없었나요?

이해식: 제 개인적인 계기라면…… 저는 1993년부터 오래된 '한살림'의 생협 회원이에요. 식품을 배송 받아 먹기도 하고, 예전에는 강동구에 한살림 동부지부 매장이 있어서 자주 방문하기도 했죠. 한살림의 농산물이

조금 비싸긴 한데요. 여기서 사다 먹으면 맛도 맛이지만 하나도 버리는 거 없이 다 먹어요. 참기름 같은 것도 한살림 것은 조금만 넣어도 향이 진동을 하는데, 기업 제품은 많이 넣어도 별 향이 없어요. 그래서 한살림 것은 마지막 최후의 한 방울까지 먹고 버리게 되죠. 한살림이 좋은 게 뭐냐면, 지금도 하고 있을 텐데 생산지를 방문하는 프로그램을 운영해요. 그 프로그램을 통해 저도 횡성 공근에 자주 가봤죠. 그렇게 친환경농산물을 먹고 농사짓는 농가를 방문하면서 농업의 중요성에 대한 인식이 생기게 되었습니다.

도시농업과 관련해서는 안철환 소장님께 제일 처음 영감을 받았어요. 제가 전해 구청장 선거에서 떨어지고 당에 들어가 있던 2005년 4월 말이라고 기억하는데, 신촌의 막걸리 집에서 동창들과 함께 안철환 소장님을 만났어요. 그때 『도시농부들 이야기』라는 책을 들고 오셔서 한 권 주셨어요. 안철환 소장님이 학생운동 이후 사회운동을 하다가 출판사에서 일하는 줄로만 알았는데, 본인이 직접 농사를 짓는다는 얘기에 깜짝 놀랐어요. 그 모임 자리에서 재미있다며 계속 농사 이야기만 하는 거예요. 그 이야기를 들으면서 도시농업이 뭔가 하나의 길이 될 수 있겠다는 생각을 했어요.

사실 당시만 해도 도시농업이라고 하면 약간 이상하게 생각할 때였어요. 도시에서 무슨 농사냐고 할 때였죠. 제가 1998년 시의원이 되었는데, 그때쯤 IMF의 영향으로 상임위원회나 여러 기구가 통폐합하는 등 구조조정이 있었어요. 그 과정에서 농업 관련한 부서들의 통폐합이 이슈가 되기도 했죠. 당시 제가 그런 이슈에 대해 이러저러한 이야기를 할 입장은 아니었지만, 환경분과에서 일하면서 농업과 관련된 일이 중요하다는 걸 인식하고 있긴 했어요. 그러다 구청장 선거를 준비하면서 친환경 급식을 첫 번째 공약으로 정하고 도시농업을 함께 고민하기 시작했습니다. 특히 구청장에 처음 당선된 뒤 당시 박원순 희망제작소 소장이 이끄는 시장학교에 참여했는데, 2009년 봄쯤 박 소장과 시장학교 단체장 몇 분과 함께 일본의 생태 환경 정책 현장을 방문할 기회가 있었어요. 거기서 도시농업에 대한 어떤 확신 같은 걸 얻었죠.

안철환: 지금도 그렇지만, 이상하게 환경운동 하는 사람들도 농업까지는 잘 생각하지 않아요. 사실 거기에는 환경과 농업, 환경과 농부, 곧 인간과 자연을 대립적으로 보는 서양의 이분법적 세계관의 영향이 있다고 봅니다. 그러니까 자연과 숲은 그대로 놔두어야지 인간이 개입해선 안 된다는 생각입니다. 그러나 사람도 자연의 일부입니다. 숲에 들어가 일부를 개간해 농사를 지으면 숲의 일부가 되는 겁니다. 그러면 숲은 농부에 의해 지켜지게 되고, 농지는 숲속의 오아시스 역할을 합니다.『농업이 문명을 움직인다』에 나오는, 거대한 아마존 밀림을 농사짓는 원주민들이 지켜왔다는 얘기도 그와 같은 맥락일 겁니다.

김성훈: 진보운동을 하는 사람들은 환경도 모르고 농업도 몰라요. '생명문맹'이라 할 수 있을 정도예요. 또 음식에 대해서도 아무것도 몰라요. 이건 진보가 아니에요. 나는 우리나라 진보들 다 들으라고 이야기하고 싶어요. 진보야말로 환경과 농업과 식량과 밥상에 대한 것을 생각해야죠. 그게 민생이죠.

이해식: 제가 그때 시의원을 두 번 하면서 주로 환경분과에 있어서 환경

문제에 대해 관심이 많았어요. 그때 만나서 끊임없이 농사 이야기를 푸는데, '이거다!' 하는 생각이 들더라고요. 우리가 운동을 하다가 사실은 90년대 후반에 조직들이 다 깨져 뿔뿔이 흩어지고, 방향도 잃고, 취직한 사람이나 학원으로 들어간 사람도 많았는데, 안철환 소장님은 딱 땅에 안착한 거예요. 그래서 이야기를 들어보니 이건 환경과도 관련이 있고, 정말 좋은 방향이라고 생각하게 되었죠. 제가 구청장 선거에서 떨어진 뒤로는 이 생각을 실현할 기회가 없다가, 2008년 보궐선거를 준비하는 과정에서 친환경 급식에 대해 고민하면서 농업을 접목할 길을 찾게 되었습니다. 당시 현장 조사를 많이 했는데, 친환경 급식에 대한 인식이 저변에 굉장히 많이 깔려 있었어요. 김상곤 교육감의 친환경 무상급식은 무상급식에 더 초점이 맞추어졌지만요.

김성훈: 참고로 김상곤, 곽노현 교육감 모두 제가 상지대학교 총장이었을 때 이사였어요. 그분들이 제일 좋아하던 곳이 우리 학교의 유기농 식당이었어요. 청장님은 배고픈 시절을 겪어보시지는 않았지요?

이해식: 왜요. 저도 어릴 때는 중력밀가루 큰 거 한 포대 쌓아 놓고 하루에 한두 끼는 꼬박꼬박 수제비, 칼국수를 해 먹었어요.

안철환: 청장님이 제 대학 동문인데, 그 시절 작은 방에서 자취를 했어요. 어느 날 집에 갔더니 먹을 거라면서 곰국을 내오는 거예요. "이게 무슨 곰국이요?" 했더니, 스프를 안 넣고 라면만 끓이면 그게 곰국처럼 된다면서 거기에다가 고춧가루만 섞어서 내온 거예요. 하하하.

도시농업은 농촌의 밥그릇 빼앗기?

김성훈: 지금 청장님이 따로 학위는 안 받으셨죠?

이해식: 서울시립대에서 도시행정학 박사 과정을 수료했는데, 논문은 아직 쓰지 못했습니다.

김성훈: 그러면 강동구의 사례를 가지고 도시농업이란 주제로 논문을 쓰는 건 어때요?

안철환: 지금 도시농업과 관련해 3호 논문까지는 나왔습니다. 청장님은 실제 정책을 실행해봤으니까 좋겠네요.

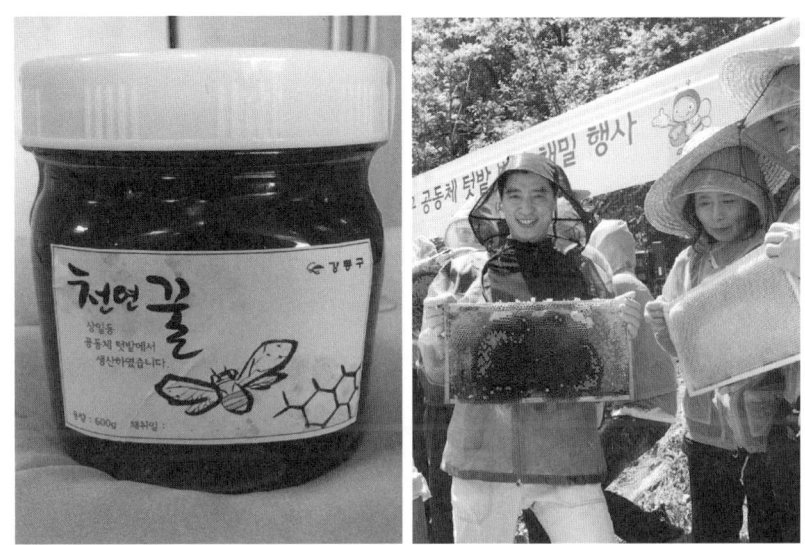

강동구에서 도시 양봉으로 생산한 꿀(좌). 채밀 중인 이해식 강동구청장과 강동구 주민들(우).

김성훈: 농민들은 도시에서까지 농업을 해버리면 우린 어떻게 먹고 사느냐고 하는데, 제가 경험한 바에 따르면 이래요. 제가 지금 살고 있는 아파트의 옥상에서 폐천막으로 만든 화분 110개로 농사를 짓고 있거든요. 그런데 비가 오는 날은 쉬는 날이에요. 그날은 물을 안 줘도 되니까.

안철환: 하하하, 그런 날은 막걸리를 드셔야겠네요.

김성훈: 저는 아파트 주민들에게 거기서 나오는 걸 맘대로 솎아 드시라고 하거든요. 그렇게 하니까 어떻게 되었냐면 결과적으로 옥상에서 농사를 지은 지 3년째 되었는데 우리 아파트의 주민들이 다 한살림 회원이 되었어요. 이 사람들이 유기농에 맛을 들여 놓고 보니까, 이게 벌레 먹어서 구멍이 송송 뚫렸어도 마트에서 파는 것하고 맛이 다르거든요. 그래서 다

유기농 소비자가 된 거예요.

안철환: 선생님은 여전히 계속 운동을 하시는 셈이네요.

김성훈: 그럼요. 난 농사지어요. 도시농부. 늙은 도시농부 대장이에요. 오늘 청장님께서 도시농업에서 채밀한 꿀까지 선물해주셨는데, 이건 진짜 대한민국 국민한테 꿀 같은 소식입니다.

이해식: 저희 직원들이 올해부터 직접 벌을 치고 있어요. 벌이 농작물 수분의 70%를 담당한다고 하는데, 농사에 큰 영향을 미치는 이로운 곤충이죠. 벌은 공기가 오염되거나 농약을 치면 다 죽는데, 도시에서는 농약을 치지 않기 때문에 오히려 벌이 활동하기 더 좋다고 해요. 그런 면에서 강동구가 적합한 환경이라고 할 수 있죠.

안철환: 재미나네요. 양봉은 어떻게 시작하게 된 건가요?

이해식: 도시양봉이 처음엔 일본의 긴자 거리에서 시작되었는데, 박원순 시장이 그걸 보고 서울시청 옥상에서 양봉을 시작했죠. 그건 알고 있었는데, 강동구에서 개최하는 그린웨이 걷기대회에 양봉협회 부회장님이란 분이 참석하셔서 도시농업 과장과 함께 대화를 나누다가 본격적으로 시작해보자고 결정하게 되었죠.

안철환: 이거 꿀이 아주 기가 막히네요. 아주 맛있어요. 벌통을 몇 통이

나 두고 있는 건가요?

이해식: 지금 열 통이 있어요. 직접 세어보지는 않았는데 통 하나에 벌이 보통 3~4만 마리 정도 있다고 해요. 일벌이 45일 정도 살고, 여왕벌이 5년 정도 산다고 하죠. 지난 5월 말에 부부의 날을 기념해서 신청을 받아 부부 열 쌍을 초청해 함께 꿀을 따서 선물로 증정하는 행사도 열었습니다.

안철환: 그럼 꿀을 몇 번이나 따는 건가요?

이해식: 5월에는 벚꽃꿀 한 번, 아까시꿀 두 번을 따고, 6월에는 밤꽃꿀을 두 번, 8월에는 잡화꿀을 한 번 따고 그만둡니다. 양봉업자들은 최대한 꿀을 생산하려고 이후에도 꿀을 따고 설탕물을 먹인다고 하는데, 강동구에서는 교육과 체험에 목적이 있으니까 겨울에 먹을 양식으로 꿀을 그냥 놔두었죠. 올해만 열 통에서 317킬로그램을 땄어요. 일본 긴자 거리에서는 보통 열 통에서 150킬로그램을 딴다고 하는데 양이 더 많죠. 이렇게 딴 꿀은 성분 분석을 의뢰한 뒤 안전하다는 결과를 받고서 홍보용으로 반을 나누어주었고, 나머지는 주민들에게 판매했습니다. 240병이 3일 만에 완판됐습니다. 인터넷에 이 꿀을 판다고 조그맣게 광고를 했는데 그걸 보고 수지에서도 와서 사 가고 했죠. 내년에는 벌통 숫자를 좀 더 늘리고, 양봉학교 같은 걸 열어서 일자리 창출도 시도해보려고 합니다.

김성훈: 긴자는 죄 빌딩뿐인데 강동구의 녹지만 하겠어요. 그 차이 때문이겠죠. 양봉하는 데 어려움은 없으신가요?

이해식: 양봉협회 부회장에게 들으니, 벌을 무서워하는 사람도 있고, 간혹 빨래에 노란 벌똥이 묻어서 민원이 제기되는 소지도 있다고 하더라고요.

안철환: 사람들이 곤충을 왜 그렇게 무서워하는지 모르겠어요. 벌은 건강한 생태계를 상징하는 존재이기도 한데……. 그래도 말벌은 정말 무서워요. 제가 밭에서 몇 번이나 쏘였는지 몰라요. 하하하.

이해식: 아까 전 유기농업을 하시는 분들이 도시에서 농사지으면 뭐 먹고 사느냐고 했다고 이야기하셨는데, 혹시 나소열 서천 군수를 아시나요?

김성훈: 열심히 하시는 분이죠.

이해식: 모임에서 그분을 만났는데, 서천 군민들이 강동구청 앞에 가서 데모를 해야겠다고 농담을 한대요. 왜 그러시냐고 했더니, 강동구에서 농사를 지으면 서천군에서 무얼 먹고 사느냐는 이야기를 많이 한다는 거죠. 강동구에서 도시농업을 열심히 한다니까 우스개로 한 소리이죠. 그런데 저는 반대로 생각해요. 도시민들이 도시에서 농사를 짓고 농업을 이해하게 되면 결국 어떤 농업을 해야 할까에 대해 고민할 것이라고 생각해요. 도시민이 곧 소비자들이잖아요? 소비자들이 어떤 농업을 해야 할지에 대한 고민하고 이해할 때 농촌의 농업도 견인할 수 있다고 생각합니다. 그래서 도시농업을 하는 일이 곧 장관님이 평생을 바치신 이념이랄까 지향이랄까 철학이랄까, 그걸 구현하는 일이라고 생각합니다. 우리나라가 그렇게 되어야 한다고 생각해요. 그리고 대규모 농업도, 물론 일

부 수입도 필요하겠지만, 기본적으로는 자급이 가능해야 한다고 봅니다. 그런데 지금은 전혀 그렇지 못하잖아요. 우리가 얼마든지 생산할 수 있는 것도 안 하고 있고요. 저는 도시농업을 통해 우리 사회를 바꾸어 나가야 한다고 생각합니다. 도시농업이라는 것이 그냥 지방자치의 한 영역에서 무언가 전시하는 일이 아니라, 모든 도시와 농촌을 함께 살릴 수 있는 중요한 수단이랄까요. 하나의 비전이라고 생각합니다. 그래서 강동구 도시농업의 비전은 2020년까지 1가구 1텃밭을 하겠다는 것이에요. 강동구 전체 가구 수가 19만인데, 모든 가구에서 텃밭을 하나씩 갖는 것이죠. 텃밭 크기가 다섯 평일 수도 있고, 옥상이 될 수도 있고, 작은 베란다일 수도 있고, 재배하는 것 또한 쌈채소나 허브 종류로 국한될 수 있지만, 생명을 키우는 도시농업을 하자는 것이 비전입니다. 저는 이 비전이 도시에 사는 모든 이들의 비전이 된다면 결국 우리 도시가 바뀌고, 농촌도 바뀔 것이라고 봅니다.

김성훈: 그 말씀이 맞습니다. 그것이 바로 농촌을 사랑하게 만드는 견인차입니다. 미국과 캐나다의 유기농 혁명을 선도하고 이끈 사람들이 누군지 아세요? 바로 소비자들입니다. 회원 수가 600만 명이나 되는 북미 유기농소비자협회(OCA)가 있어요. 이곳 소비자들은 유기농업을 사랑하고, 친환경농업을 사랑해요. 유기농 생산자 입장에서 보면 그 사람들이 있기에 자연히 홍보가 되고 판로가 확보되는 것이죠. 청장님이 말씀하신 것처럼 강동구의 집집마다 어떤 형태로든 친환경농업을 하게 만들겠다는 것은, 결국 그분들이 유기농 소비자가 되는 거거든요. 그러면 유기농 소비자가 유기농 혁명을 이끄는 것이에요. 그 비전이, 바로 생명을 키우고 가

꾸는 도시농업이 유기농업을 일으키는 역할을 합니다. 이미 유럽에서는 정착이 됐어요.

이해식: 그러한 사람을 프로슈머(prosumer)라고 하는데, 생산하면서 동시에 소비하는 사람이 바로 도시농부들입니다.

안철환: 일방적으로 소비만 하는 사람들은 건강하지 못해요. 자기 욕심만 부리지. 생산을 아는 소비자가 중요해요.

김성훈: 머리로만 유기농이 좋다는 것 가지고는 안 돼요. 자기가 작게라도 직접 농사지어서 먹어봐야 해요. 좀 전에 나소열 서천 군수한테는 앞으로 서천군의 유기농산물이 잘 팔리면 강동구 덕인 줄 알라고 이야기 하세요.

이해식: 하하하, 그래서 안 그래도 우스개로 시기심이 생겨서 그러냐고 했어요.

안철환: 지금 한살림을 비롯해 '두레 생협', '아이쿱 생협' 등에서도 도시농업을 시작했습니다. 저는 이것이 큰 변화라고 봅니다. 사실 유기농산물을 팔아주는 것만으로 소비자의 역할이 그치는 것은 아니라고 봅니다. 자신도 진정 생산자의 경험을 해볼 때 그 가치를 제대로 알 수 있죠. 저는 그럽니다. 유기농산물을 소비했으면 돈으로 갚는 게 진정한 갚음이 아니라 한 10년 뒤에 귀농을 해서 농부가 되는 것이 진정한 갚음이라고요.

하하하하하.

김성훈: 친환경 유기농산물의 맛보기가 도시농업이라고 제 말을 인용하세요. 아니, 엿장수들이 옛날에 엿 팔면서 짝짝짝 하다가 엿을 한 쪽씩 먹이잖아요. 그거 먹고 나면 집에 가서 정 없으면 뭐라도 부숴 가지고 가서 엿을 바꿔 먹지.

이해식: 친환경 유기농업의 맛보기가 도시농업이라는 정의시죠. 개념 정의가 좋네요.

김성훈: 강동구가 맛보기로 도시농업을 하고 있으니 농촌 출신 군수님들은 앞으로 우리 강동구에 감사하라고 하세요. 농민을 살려야 농촌이 살고, 결국 도시가 살 수 있습니다. 농업이 없는 국가는 영생할 수 없고, 농촌이 없는 도시는 영생할 수 없어요. 도시와 농촌은 둘이 아니라 하나이죠.

도시양봉

벌은 농업에서 꽃가루의 수분을 담당하는 필수적인 존재이다. 그런데 현재 세계 곳곳에서 이러한 벌들의 죽음이 확산되고 있다. 여러 원인이 제시되고 있지만, 지금으로선 과다한 농약의 사용이 주범으로 꼽히고 있다. 그래서 유럽연합에서는 2013년부터 2년 동안 벌의 죽음과 밀접한 연관이 있다고 의심되는 농약 성분의 사용을 금지했다.

이러한 벌의 중요성을 새롭게 인식하며 최근 도시농업의 확산과 함께 '도시양봉'이 떠오르고 있다. 가깝게는 일본의 긴자부터 멀리는 유럽과 미국 등 선진국의 도시에 생물

다양성을 풍부하게 하면서 꿀도 생산하는 일종의 사회운동으로 퍼지고 있는 중이다.

한국에서도 강동구 외에 서울시청과 도봉구, 송파구 등의 지자체들에서 시범적으로 도시양봉을 실시하고 있으며, 2013년에는 『도시양봉』이란 도서가 출간되고 서울도시양봉협동조합이 만들어져 다양한 활동을 펼치고 있다.

지역 공동체에 활기를 불어넣는 도시농업

김성훈: 제가 지금까지 계속 협동조합을 고민해왔어요. 한국에서 생활협동조합을 처음 만든 사람 중 하나입니다. 서울 문정동에 최초로 경실련과 정농회가 공동으로 경실련정농회 생협을 만들어서 운영을 했는데, 제가 1996년부터 1년 반 동안 이사장을 했어요. 부끄러운 이야기지만, 그때 1억 4천만 원 정도 적자를 내서 정농회 회원들에게 돈도 못 갚고 파산하기 직전이었죠. 그래서 내 돈 4천만 원을 내놓고, 마누라 앞에서 고개도 못 들고 있다가 어떻게 하다 IMF가 오는 바람에 장관이 됐거든요.

그때 임명장을 받고 2~3일 뒤인 1998년 3월 5일에 첫 국무회의가 열렸어요. 준비할 시간이 없으니까 안건이 없잖아요. 그러니까 김대중 대통령이 국무위원들한테 한 명씩 돌아가며 자기 소관과 상관없이 어떻게 하면

물가를 안정시키고 위기를 탈출할 것인가 안이 있으면 뭐든 내보라고 했어요. 그래서 제가 앞뒤 재지도 않고, 한국에는 생산자협동조합은 있어도 소비자협동조합이 없다. 원래 협동조합은 로치테일[2]에서 출발했고, 그것이 바로 소비자협동조합이다. 선진국과 개발도상국에 다 있는데, 오로지 한국만 슈퍼마켓 체인이나 재벌들이 협동조합을 반대하기 때문에 없다. 우리가 20년간 생협운동을 하면서 법조문까지 만들어서 당시 경제기획원에 제출했는데 유통소비국장의 서랍 속에서 썩고 있다. 이런 이야기를 첫 국무회의에서 했죠. 그랬더니 "그게 어느 부 소관이요?" 해서, 기획재정부 소관이지만 농림부가 못할 거 없다고 했어요. 농업협동조합, 축산업협동조합, 수산업협동조합, 임업협동조합 다 하는데 소비자협동조합을 왜 못해요?

그런데 얼마 지나지 않아 재경부 담당국장이 찾아왔어요. 그 사람이 대뜸 "소매업계의 저항 때문에 생협법을 제정할 수 없는 사실을 누구보다도 잘 아시는 분이 왜 우리 부서를 괴롭히십니까?" 항의하며 대드는 거예요. 화가 났지만 참고, 답변은 담당국장이 당신네 장관한테 직접 하도록 하겠다며 물리쳤죠. 그리고 한 달 뒤쯤 열린 국무회의에서 다른 안건을 심의하다가 갑자기 대통령이 "지난번 논의했던 소비자생협법은 어떻게 진행되고 있는 거요?"라고 물었어요. 해당 장관이 태연히 "아직 검토 중입니다"라고 대답하는 모습에 20년 묵은 설움이 복받쳐 올라 엉겁결에 그만 "20년간 저렇게 검토만 하고 있습니다" 하고 크게 외쳤어요. 그러자 좌중의 국무위원들이 일제히 웃음보를 터뜨리고 대통령의 안색이

---

2 1844년 영국에서 발족한 로치테일 공장의 협동조합을 가리키며 세계 최초의 협동조합이다.

변했어요. 총리의 표정도 굳어졌지요. 발언권도 얻지 않은 돌출행동에 화를 내야 할 재경부 장관이 벌떡 일어서더니 "즉시 법 제정을 시작하겠습니다" 해서 분위기를 일신시켰죠. 그렇게 해서 생협 법조문이 그해 가을 완성되었어요.

그런데 난데없이 큰 복병이 나타났습니다. 당시 IMF 위기 극복 차원에서 총리실 산하에 새로 생긴 규제개혁위원회에서 모든 법률안과 행정법규 제도를 국회에 제출하기 전 최종 심의를 하도록 되어 있었어요. 아니나 다를까, 규제개혁위원회의 의장과 심의위원인 모 대학의 법학 교수가 유통업체 편을 들며 제동을 걸었죠. 주무부서도 아닌 농림부 직원들이 생협법을 방어하느라 동분서주했지만 역부족이었습니다. 결국 생협중앙회를 설립한다는 조항과 정부의 재정지원 조항이 잘려 나가고, 생협 매장에서는 친환경 농축산품목만 취급하도록 범위가 대폭 축소되었죠. 또 생협 조합원에 한해서만 생협 매장을 이용할 수 있게 하고, 제한적으로 비조합원 소비자들에게는 홍보 기간에만 총매출의 5% 한도에서 판매할 수 있도록 하는 규정이 만들어졌어요. 일부 독소조항은 2010년 약간 개선되었지만, 근본적으로 생협의 성장을 묶어 놓고 있는 상황은 지금도 계속되고 있어요.

그런데도 지금 농촌의 농민 생산자와 도시의 소비자들이 서로 협력하면서 생협이 갈수록 성장하고 있습니다. 2012년 무려 60만 가구 이상이 생협 조합원으로 참여해서 6,000억 원 이상의 매출을 기록했습니다. 이렇다 할 정부의 재정지원 없이도 자력으로 이만큼 성장한 것이죠.

이러한 협동조합이 바로 사회적 경제의 핵심인데, 그게 결코 서구에서 들어온 개념이 아닙니다. 우리의 향약이나 대동계나 두레, 품앗이가 여기에서 유래된 것이에요. 상부상조의 정신과 협동과 신뢰에 기반한 공동체 의식이 그것입니다. 이걸 요즘 말로 하면 협동조합, 사회적 경제라고 할 수 있죠. 사람이 먼저이고, 사람들(共同體)의 협동이 제일 중요했어요. 그런데 한국에 천민자본주의가 들어와 판을 치는 바람에 재벌 중심의 자본주의만 판을 치고, 수출 주도의 자본주의만 판을 치는 바람에 사회적 경제의 가장 기본인 소위 공동체가 파괴된 것이에요. 그것을 우선 도시농업과 텃밭을 시작하면서 다시 강동구가 일으키고 있는 것이죠.

이해식: 강동구의 도시농업 텃밭을 가꾸는 사람들을 보니까 혼자 오는 사람이 없어요. 가족이 모두 함께 나와서 농사를 짓더라고요. 젊은 부부들이 아이들과 함께 나와 농사를 지으니 교육적 효과도 크고요. 그리고 요즘 소외감을 느끼고 역할이 미미해진 어르신들이 텃밭에서는 오히려 대우를 받게 되었습니다. 그분들의 농사 경험 때문에요. 그리고 공동체 텃밭은 수확물의 일정 부분을 경로당이나 푸드마켓에 기부합니다. 기부 자체도 공동체의 활성화에 기여를 하는 행위이지요. 특히 강동구 전체의 동 주민센터들이 상자 텃밭을 옥상에 설치한다든지 따로 텃밭을 가지고 있는 경우도 많은데, 보아하니 수확을 하고 난 뒤 김장을 담가준다든지 지역민에게 기부를 하더라고요. 그러한 일이 지역 공동체를 활성화하는 데에 큰 도움이 됩니다. 제가 직접 경로당을 돌아봤더니 저를 보면 항상 그 얘기를 하세요. 그때 쌈채소니 김장을 받아서 좋았다고 계속 얘기하시는 거예요. 그리고 텃밭 자체가 이웃과 대화를 하고 소통하는 장이 되지요. 텃밭에서 수확한 걸 이웃집에 나누어주게 되면서 한 번이라도 더 만나게 되고요. 지금은 '텃밭자치회'라고 해서 공동으로 작업하고 자재

등을 구매하도록 유도하고 있어요. 앞으로는 이 모임의 회원들을 중심으로 사회적 협동조합을 만들려고 추진하고 있습니다. 그렇게 되면 앞으로는 텃밭 자체를 조합원들이 운영하게 되는 것이죠.

안철환: 회원들은 현재 몇 명인가요?

이해식: 텃밭별로 두세 명씩 현재 스물두 명 정도 돼요. 이분들이 주축이 되어 연말에 우수텃밭을 30% 정도 선정해서 텃밭 신청자들이 겨울 농사도 지을 수 있는 권리를 주고 있어요.

안철환: 농사의 참맛은 겨울 농사에 있어요! 마늘, 양파, 밀, 보리 농사가 얼마나 재미난지 몰라요. 관에서 조성한 농장에서는 겨울 농사를 지을 수 없어서 아쉬움이 많았거든요. 겨울을 나는 마늘, 양파, 밀, 보리 등을 심으면 여름에 수확을 해야 하니 그 땅은 계속 점유권을 주어야 합니다. 그렇게 되면 땅도 별로 없는데 공공의 자산을 일부 사람에게 특혜를 주는 꼴이 되어 겨울 농사를 지을 수 없었지요. 그런데 겨울 농사를 지으면 도시농업에서도 마늘 정도는 자급할 수 있어요. 아마 도시 텃밭에서 제일 보람을 느끼게 해주는 게 마늘일 겁니다. 제일 맛있어요. 그 맛을 보고 나면 농사를 짓지 않을 수가 없어요. 저는 일단 마늘 농사를 지어보면 농사 중독자가 된다고 말합니다. 한겨울 마늘밭이 궁금해 마늘밭엘 몇 번 들르게 되면 따뜻한 봄을 기다리게 되고, 봄이 되어 살아나는 흙과 마늘과 꼬물락거리는 지렁이를 보면 어느새 흙의 신비와 소중함을 느끼게 됩니다. 절로 환경주의자가 됩니다.

이해식: 말씀하신 대로입니다. 그런데 기회의 균등이란 문제 때문에 농사를 짓는 모두에게 겨울 농사를 짓게 할 수는 없고, 30% 정도만 지을 수 있게 하고 있어요. 구민이라면 누구나 이용할 수 있는 공간이 되어야 하니까요.

김성훈: 강동구는 사람이 아름다운 도시를 표방하잖아요. 그래서 현재 다문화가정도 배려하고, 장애인도 배려하고 있는데, 그것이 바로 공동체를 살리는 길이에요. 더 구체적으로는 나무를 심고, 강을 살리고, 물고기들이 뛰어놀게 하는 것이 바로 공동체를 부활시키는 길의 하나이거든요.

이해식: 예, 현재 강동구에서 사회적 배려 대상자에게 텃밭을 무상으로 이용할 수 있도록 공급하고 있습니다. 다문화, 다둥이, 새터민, 장애인 등 100여 가정 이상이 함께 텃밭에서 농사를 짓고 있어요. 또 65세 이상인 분들을 대상으로는 노인 일자리를 위한 사업형 텃밭을 공동체 텃밭과 암사동 텃밭에서 운영하고 있어요. 현재 노인복지관을 통해 신청을 받아 서른다섯 분 정도가 함께하는데, 이 분들에게 구에서 텃밭을 무상으로 지원하고 그곳에서 재배한 작물은 판매해서 생활비에 보탬이 될 수 있도록 하려고 합니다. 지금 도시농업지원센터를 통해 2개월 동안 판매해서 200만 원 정도의 소득을 올렸는데, 앞으로는 더 활성화시키려고 해요.

안철환: 소득도 소득이지만 노인 분들의 건강을 유지하는 데에도 도움이 되겠네요.

이해식: 그리고 우리가 도시농업도 하면서 희망제작소에서 하는 사회적 경제 아카데미를 개설해서 사회적 기업에 대한 실무 교육을 했어요. 거기에서 공부한 분 중에 농사짓는 분들이 있었던 거죠. 그분들이 '강동도시농부'라는 이름으로 사회적 기업을 만든 거예요. 서울시의 혁신형 사회적 기업으로 선정이 되어 지금 2년 6개월 만에 흑자를 냈다고 해요. 주로 어린이집, 백화점에도 납품하고, 꾸러미 사업도 하고, 어려운 이웃을 돕는 일도 하고 그래요. 이런 사회적 기업도 결국 강동구에서 인큐베이팅한 것이죠.

김성훈: 결론은 어떻게 강동구가 앞장서서 사회적 경제를 활성화하느냐는 것입니다. 바로 도시농업에서 시작해서, 지역을 녹화하고, 그리고 협동사회로 이어지면 우리나라의 좋은 모델이 될 거예요.

안철환: 하하하, 그렇겠네요.

김성훈: 지속가능한 발전, 지속가능한 사회의 모델이 되는 것이죠.

안철환: 예전에 선생님께서 상지대에 계실 때 구내식당을 유기농 로컬푸드(local food)로 운영하셨다고 들었는데, 그 이야기 좀 해주세요.

김성훈: 장관직을 그만두고 상지대에 가니까, 학생들이 전부 햄, 소시지, 뭐로 만들었는지 모르는 그런 걸 먹고 있어요. 혹시 원주 좀 아세요?

이해식: 예, 잘 알고 있습니다.

김성훈: 원주가 지학순 주교, 장일순 선생, 이 두 분이 계시던 곳이에요. 소위 한국 유기농업의 4대 발상지 중 하나가 원주의 호저면이거든요.

안철환: 처음에는 호저 생협이라고 했어요.

김성훈: 잘 아시네요. 거기 가보셨어요?

안철환: 원주는 잘 알죠.

김성훈: 거기에 한 괴짜 목사가 계신데 그분이 거기에서 유기농업을 하고 있어요. 아무튼 상지대학교에 단과대가 6개인데 단과대별로 호저면의 한 마을씩 1교 1촌을 맺었어요. 그런데 당시 우리 학생들은 무엇을 먹고 있었는가? 모 재벌 기업이 학교 식당을 입찰 받아 경영했는데, 쓰는 재료가 뻔하죠. 그래서 일단 대학 생협을 만들었어요. 그리고 생협한테 학교 식당을 운영하라고 했죠. 학교에 큰 식당이 두 개, 작은 식당이 두 개, 거기에 스낵 바 같은 곳이 하나 있었어요. 거기에서는 햄버거도 팔았는데, 햄버거도 유기농, 라면도 유기농, 싹 다 유기농으로 했어요. 그러니까 가격이 확 올라갈 것 아니에요. 1,600원짜리가 3,000원으로 올라간단 말이에요. 그 차액을 학교에서 모두 부담했어요.

안철환: 그렇게 되면 학교는 적자 운영을 하잖아요?

김성훈: 아니 왜? 학생들이 낸 돈으로 학교를 운영하는데, 학생들한테 혜택을 돌려주는 건데 뭐가 이상해요.

안철환: 그때 적자 운영은 아니었죠?

김성훈: 매년 돈이 남았어요. 제대로 운영하니까 돈이 막 남아요. 전교생이 8,600명인데, 첫해에 50억 남고, 둘째 해에는 25억 남고, 셋째 해에 10억 남고, 넷째 해에도 10억이 남았어요.

안철환: 제가 상지대 교수님들한테 들어봤더니 선생님 밑에서 일하려면 엄청 부지런하고 완벽해야 한다고 하더라고요.

김성훈: 물론이죠. 이 장소도 너무 밝아서 못마땅해 죽겠어요. 바로 위에만 불을 켜면 되지, 왜 다 켜 놓아요? 저는 총장실에도 스위치를 열두 개 설치했어요.

이해식: 맞습니다. 사진을 촬영한다고 환하게 켠 것 같은데, 이제 촬영은 끝났으니 다 끄도록 합시다.

김성훈: 내 책상 위에만 불을 켜 놓고, 집무실에 회의한다고 사람들이 들어오면 원탁에만 켜고 그랬어요. 강의실 있잖아요? 학생들이 강의실에서 시험 공부할 때 한두 명이 들어가서 형광등 36개를 켜고 공부하거든요. 공부하는 걸 뭐라고 할 수 없는데, 그게 스위치가 없어서 그래요. 그래서

스위치를 하나 건너 하나씩 설치했어요. 얼핏 보면 초기 투자가 많이 되죠. 그래도 전기료가 절약이 되니까 몇 개월 지나면 다 회수돼요. 그런 논리로 유기농 식당을 운영했어요. 호저면의 자매 결연 마을에서 생산하는 걸 다 사주고도 학생이 8천 명이니까 모자라잖아요. 그럼 강원도에서 생산하는 걸 사주고, 그것도 부족하면 다른 지역의 것을 사주고.

그런데 만약 강동구에서 그렇게 하면 무슨 문제가 생기냐면, 제가 경험한 것인데 동네에서 아주머니들이 계모임을 학교 식당에서 해요. 1,600원이면 유기농 식사를 먹으니까요. 또 이게 원주 시내에 소문이 나니까 노인들, 특히 가난한 노인들이 버스를 타고 학교 식당으로 와요. 그러니까 간부들이 회의를 열어 가지고 상지대 학생들이 먹을 때마다 1,500원씩 보조가 나가는데, 생협이 이러다가 재정에 문제가 생긴다며 당연히 외부인은 차별하자는 이야기가 나왔죠.

이해식: 그러니까 외부사람들한테는 좀 비싸게 받자는 안으로요?

김성훈: 그래요. 그런데 저는 반대했어요. 옛말에 쌀독에서 인심 난다고 했어요. 밥 먹는 것에서, 식당에서 인심이 나는데 어떻게 한 시간씩 걸려서 온 노인과 아주머니들한테 그걸 비싸게 받느냐. 그대로 똑같이 받자고 했죠.

이해식: 그러면 주변 식당에서는 민원이 안 들어오나요?

김성훈: 사람 입은 먹는 입과 욕하는 입이 있는데, 이분들이 식당에서 밥

을 먹고 가면 욕은 안 해요. 좋은 말만 하지. 저절로 상지대학교의 홍보대사가 돼서 학교 명성이 올라갔어요. 발 없는 말이 천리를 간다고 전남대학교, 경북대학교에서도 상지대학교의 유기농 식당을 벤치마킹하러 왔어요. 어떻게 라면도 유기농으로 했냐면 유기농 라면이 없어서 한살림의 박재일 씨한테 유기농 라면을 만들어 달라고 했어요. 햄버거도 유기축산이 없으면 최소한 무항생제 고기로 해서 만들어 달라고 했죠. 그랬더니 역시 청장님 말씀처럼 학교 앞 식당 주인들이 총장 면담을 요청해 왔어요. "총장님 학생들을 위해서 유기농 식당을 싸게 운영하는 건 말하지 않겠습니다. 그런데 왜 동네 사람들, 원주 시민들한테까지 그렇게 팝니까?"

안철환: 그것도 일리가 있네요.

김성훈: 그래서 그랬어요. "예, 우리 교수들이나 간부들 중에서도 외부인한테는 원가를 받으라는 의견이 있었습니다. 그런데요. 선생님 댁에 사람이 찾아와서 대접할 때 누구는 먹고 누구는 먹지 말라고 하시겠어요? 어떻게 하세요?" 물어봤어요. "집이야 사적인 데니 그렇게 못하죠" 그래요. "저도 그렇습니다. 제가 학생식당에서 학생들과 함께 4년 동안 밥을 먹었는데, 어떻게 여기에 밥 먹으러 오시는 할아버지한테 먹지 말라고 합니까. 나는 못하겠습니다. 그것 때문에 저를 욕하시면 제가 감수하겠습니다. 이해해주십시오. 그분들은 어차피 돈이 없어서 여러분이 하는 식당에는 못 가시는 분들이 많습니다. 그런 분들 대상으로 장사하실 생각을 하지는 않으시잖습니까. 다시 한 번 생각해보십시오. 그분들이 고객인가 아닌가?"

안철환: 그러니까 뭐라고 하나요?

김성훈: 그러니까 삿대질하는 사람도 있었어요. 그래도 내가 하도 간절하게 "제가 여기서 시의원 나가려는 사람도 아니고, 나이 칠십이 넘어서 할 거 다하고 이번에 총장만 하면 그만하려고 합니다" 그렇게 말하니까 그 사람들이 스르륵 물러갔어요.

안철환: 그런데 선생님, 계속 그러면 적자가 커지는 거 아닌가요?

김성훈: 적자라는 개념이 없지요. 사립 대학교는 재단에 돈을 내는 것도 아니고, 재단에서 돈만 빼 가지 않으면 돈이 남아요.

안철환: 나라에서 주는 걸로 그런가요?

김성훈: 나라에서 주는 게 아니라, 등록금만으로도 충분해요. 그때 등록금으로 이화여대가 400만 원, 연세대학교가 450만 원 받을 때, 상지대학교는 240만 원 받았어요. 그런데도 제대로 쓰니까 돈이 남아요. 난 대학교가 왜 돈이 부족한지 모르겠어요. 도대체 누가 빼먹는지 모르겠어요. 전기 사례도 그렇고 낭비 때문이에요. 다시 한 번 이야기하지만 절약할 것이 너무 많아요. 그렇게 절약해 뒀다가 어려운 사람들이 왔을 때 베푸는 거죠. 나는 청장님이 여기에도 스위치를 각각 설치했으면 좋겠어요. 요즘 기후 변화 문제를 많이 이야기하는데, 전기가 가장 심각한 문제거든요.

가짜 도시농업? 식물 공장의 등장

안철환: 기후 변화 이야기가 나와서 말인데, 현재 거의 모든 자치구에서 기후 변화에 대한 대책의 일환으로 식물 공장에 관심을 보이고 있어요. 기후 변화에 식물 공장이 무슨 의미가 있냐고 하니, 식물 공장은 바깥 환경과 차단되어 농사를 짓기 때문에 폭우나 폭설이 와도, 태풍이 불고 어떤 자연 재앙이 와도 사시사철 농사를 지을 수 있어서 식물 공장이야말로 기후 변화에 대처하는 가장 근본적인 식량 생산 대책이라고 얘기하고 있어요. 그런데 기후 변화를 악화시킨 것은 과도한 에너지 낭비와 그로 인한 탄소의 과다 배출이거든요. 그것 때문에 또 에너지와 탄소를 엄청 배출하는 식물 공장을 짓자고 하니 자가당착이 따로 없습니다. 이건 도시농업도 아니고, 생태도시의 관점에서 보아도 문제가 있어요.

김성훈: 식물 공장은 말도 안 돼요. 멀쩡한 땅과 흙을 놔두고, 햇볕과 용수도 그대로 놔둔 채 콘크리트 철근으로 고층 빌딩을 지어 LED로 인공별을 비추고 배지에 양액을 공급해 농산물을 생산하는 걸 시범을 보이고 홍보하고 있어요. 그 결과 일부 지자체 단체장들이 덩달아 국민의 혈세로 빌딩을 지어 공장식 농사를 치적처럼 홍보하고 있더군요. 심지어 이를 도시농업이라고 명명하는 사태에 이르렀습니다. 그러니 당연히 자연생태계를 보전하고 유기농업을 보급하는 진짜 도시농업에 열심인 도시농업시민협의회가 발끈 화를 내고 있지요. 아니, 국민의 세금으로 월급을 받는 공직자들이 농민이 없는 화학·기계식 식물 공장을 미래 농업의 대안이라며 혈세를 낭비하고 있어요. 그럴 바에는 간판을 농촌진흥청이 아니라 '빌딩농업진흥청'이라고 새로 바꿔 달아야죠. 식물 공장은 에너지 낭비에다가, 이산화탄소를 14배 정도 더 많이 배출해요. 공짜로 쓸 수 있는 햇빛과 물을 놔두고 이걸 도시농업이라고 홍보하는데, 이건 도시농업을 모독하는 거예요. 아무것도 모르는 골 빈 청장들이 과시용으로, 구경거리가 되니까 앞장서고 있어요.

이해식: 지난번에 안산시에 가서 도시농업 사례 발표를 한 적이 있는데, 그때 그 질문이 나왔어요. 마침 버티컬 팜(vertical farm)을 소개하는 자리가 있었는데 제 견해는 어떠냐고 물어보더라고요. 그래서 저는 과학기술의 발전이 워낙 빠르니까 그와 관련해서는 좀 유보적인 입장이다. 무어라고 딱 꼬집어 말하기 힘든데, 지금 나와 있는 건 에너지 낭비가 심해서 조금은 비판적으로 본다고 조심스럽게 이야기했죠.

김성훈: 생산비도 14배나 든다고 해요. 그건 미친 짓거리들이죠. 국민의 세금으로 월급 받는, 더구나 농촌진흥청이라 이름을 붙인 곳에서 할 짓이 아니죠.

안철환: 한국의 농업을 과학기술주의가 주도하면서 그런 면도 생기는 것 같아요.

김성훈: 그것만이 아니고, 지난 이명박 정권 5년 동안 모든 것이 돈이었어요. 이명박 대통령이 공약으로 '돈 버는 농업'을 하겠다고 했잖아요. 그러니까 농민이야 있건 없건, 죽건 말건, 오로지 돈뿐이었어요. 물신사상이라는 게 있잖아요. 물건만 나오면 된다는 개념이에요. 식물 공장 같은 수직 빌딩이 아파트를 짓는 돈보다 더 많이 들어요. 그래도 물량만 나오면 된다는 거예요. 이게 소위 동부팜 화옹 사태[3]가 발생하게 된 원인이에요. 수직 농장 짓는 것부터 대기업들이 농사지으면 좋다는 생각이 다 연결이 되죠. 농식품부가 대기업에게 농사를 맡기자고 나서면 이제 가족농들은 밀려나는 거예요. 그런데 그게 경쟁력이 있느냐? 천만에요. 그보다 더 규모가 큰 미국이나 다른 나라한테 쓰러지게 돼 있어요. 그러면 정부에서 대기업을 지원하고 나서게 돼요. 당장 동부팜 화옹에 87억 원이나 지원했잖아요. 그걸 짓는 데에 전부 430억이 넘게 들었다는데, 그중에 농민에게 FTA 대책 자금으로 줄 돈을 87억이나 줬어요. 그리고 특혜 문제가 있지요. 국민의 세금으로 개발된 간척지를 특혜 분양을 해서, 쉽게 말하면

---

[3] 동부팜한농사태라고도 하며, 대기업인 동부그룹이 화옹 간척지에 대규모 유리 온실을 세워 수직농법으로 직접 토마토와 파프리카 등 농작물을 재배하기로 하면서 농민들과 갈등을 빚었던 일을 가리킨다.

돈도 안 받고 땅을 분양해줬고요. 이 발상이 결국 무엇이냐면 큰 것이 좋은 것이고, 물건만 나오면 그만이란 거죠. 사람이 빠져 있어요. 강동구의 '사람이 아름다운 강동'이란 구호는 다르죠. 이게 바로 목민관의 자세입니다. 아니, '파프리카가 아름다운 농장'이라고 이름 붙여 놓고는 그것이 마치 FTA 대책인 양하고 있어요.

안철환: 청장님, 강동구에서는 왜 처음과 달리 도시농업 계획에서 식물 공장을 포기했나요?

이해식: 원래 강동구에서 도시농업과가 생기기 이전에 지역경제과에서 도시농업을 다루었습니다. 그런데 지역경제과에서 지역경제 활성화라는 차원에서 강동구에 버티컬 팜을 도입하면 볼거리도 되고, 그것이 결국 강동구의 이름을 알리는 방법이 되지 않겠냐는 생각이 있었어요. 그런데 저는 그것이 바람직하지 못하다고 봤어요. 특히 현장에서 농사를 짓는 사람들의 의견을 제대로 반영하지 못하잖아요. 농사라는 건 땅과 자연의 힘으로 이루어져야 정식이지, 그런 방식은 전시성이라고 판단했어요. 그래서 자체적으로 반성하고 비판하며 없앴어요. 사실 강동구에는 예산이 없으니까 정부에서 지원을 받아 하면 어떻겠느냐고 지역경제과에서 제안해서 검토를 했는데, 결국 이건 말이 안 된다며 포기했죠.

안철환: 아무래도 정치인들은 식물 공장을 좋아하죠.

김성훈: 식물 공장이 구경거리로는 좋다니까. 그런데 그게 국민의 세금으

로, 자연의 순리를 거스르면서 하는 것이 어떠한 재앙을 가져올지 생각해보면 무서운 이야기지. GMO를 만들어 재배하자는 논리도 그것과 같아요. 이명박 대통령 임기가 1년만 더 길었으면 어떻게 됐을지…….

안철환: 박근혜 정부에서도 추진하고 있습니다.

김성훈: 글쎄 말이에요. 수출용으로 종자를 개발하자는 '골든 시드 프로젝트(Golden Seed Project)'[4]라고 하는데, 이게 수출이 잘 안 되면 국내용으로 시판하자, 다시 말하면 국내용으로 상업화하자는 말이 나올 것 같아서 걱정이에요. 그래서 돈이면 다가 아니니 정신 차려야 한다고 어느 글에다 적었지요.

안철환: 이야기가 나온 김에, 박원순 시장은 식물 공장에 대해 잘 몰라요. 서울시 새 청사에 가면 버티컬 팜을 멋있게 장식해 놨어요. 박원순 시장이 그걸 보고 마음이 가서 퍼머컬처(permaculture, 호주에서 시작된 운동으로 자연의 순환을 방해하지 않는 영속 가능한 유기농법을 기반으로 자연과 인간의 조화를 모색하는 활동)형 생태순환 수직 농장을 기획하라고 지시했죠. 외부의 에너지가 투입되지 않는 자연순환형 실내 농장을 말하는 건데, 그게 사실 가능하지도 않을 뿐더러 자칫 식물 공장으로 변질될 수 있죠. 그래서 저희가 식물 공장 반대대책위를 만들면서 그건 아니라고 주장해서 접은

---

4 2021년까지 20년 동안 4,911억 원을 투입하기로 한, 각종 수출용 농수산물의 종자를 개발해 종자 산업을 육성하겠다는 농림수산식품부 주관 사업 계획이다. 그러나 그 안전성에 대해 논란이 많은 GMO(유전자변형농산물) 종자 개발을 적극 지지하는 등 논란의 여지를 다수 낳고 있다. 현재까지 한국에서 GMO 농산물을 직접 재배한 적은 없다.

적이 있습니다. 박 시장은 그걸 식물 공장으로 추진한 것이 아닌데 그렇게 오해된다면 하지 말라는 뜻이었을 겁니다.

김성훈: 아니, 퍼머컬처가 뭔데? 바로 생명과 공동체, 생태와 공동체 이것이 핵심이지. 식물 공장 같은 건 돈 자랑이고, 이건희 씨 같은 사람이 자기 집에다 장식 삼아 해야 할 일이지. 아까 청장님이 강동구는 식물 공장을 내부적으로 검토하다가 반성했다고 하는데, 거기에 아주 깊은 철학이 깔려 있어요. 원래 농사라는 것은 생명을 만들어내는, 유일하게 무에서 유를 창조하는 생명 산업 아닙니까? 이것은 하늘과 땅과 사람이, 즉 천지인이 함께 조화를 이루고 협력할 때 되는 것이거든요. 하늘, 그것을 자연으로 표현해도 좋아요. 땅은 환경이고, 사람이 서로 함께 조화하고 협력할 때 생명을 낳고 자라서 그 생명의 과일을 우리가 먹는 것이죠. 그 과정에서 나오는 부산물을 다른 생명에게 먹이고, 또 거기에서 나온 부산물과 사람의 배설물을 농사로 되돌리고 자연에 순환시키는 것이죠. 이렇게 해서 옛날에는 화학 비료나 농약도 없이, 특별한 무엇도 없이 농사를 지었어요. 인류가 발생하여 농경 문화가 시작된 이후 계속해서 지속되어온 것이 농업인데, 수확량을 높이려는 과정에서 일제강점기에 흥남에 비료 공장이 생기고, 지금으로부터 60년 전에 농약이 들어왔어요. 그래도 초기에는 비료가 보조적인 역할이었어요. 퇴비나 가축의 구비, 인분과 풀로 만든 거름을 주로 사용하고, 화학 비료, 흥남 비료가 보조적인 역할을 했어요. 그러다 박정희 대통령이 6차 경제개발을 시작하면서 화학농법으로 바뀌게 되었죠. 그것이 가장 극성기가 된 것이 통일벼라는 것이죠. 그래서 앞서 말씀하신 식물 공장이나 수직 농장이 경제성을 떠

나서 관광 효과가 좀 있을지 몰라도 철학적 의미도 하나 없고, 낭비이며, 자연에 대한 모독이자 자칫하면 앞으로 한국의 생명 산업을 위축시킬지도 모릅니다. 강동구에서는 정말 잘 철회한 거예요. 지금 모르긴 모르지만, 식물 공장을 시작한 자치구에 가서 알아보세요. 후회하기 시작할 거예요. 그걸 유지하는 비용 등 여러 문제 때문에.

안철환: 강동구청장님과 다르게 사실 지금 식물 공장을 민주당 출신 단체장이 추진하고 있는 경우가 있습니다. 참으로 답답한 노릇입니다. 그래서 민주당이 비판받고 있는 것일지 모릅니다. 철학이 없는 것이죠. 생태주의는 바라지도 않습니다. 진실을 정확히 알기도 전에 먼저 그것의 전시성에 더 관심이 많기 때문인 것 같습니다.

김성훈: 말이 났으니 말이지, 이명박 정부에서 적극적으로 추진하던 농정을 받은 농진청에서 10여 년 전부터 연구하던 GMO 볍씨 같은 종자 개발 사업을 이름도 거창하게 골든 시드 프로젝트라 하여 발표했습니다. 그 다음 순서는 모르긴 해도 국내 농업에도 유익하다고 하며 슬그머니 보급할 가능성도 보입니다.

GMO의 종주국인 미국과 캐나다를 제외하고는 유럽연합을 비롯한 세계 대다수 국가들이 GMO의 위해성에 대한 연구결과 때문에 전전긍긍하며 표시제를 강화하는 추세인데, 우리나라에서는 수출이라는 명분에 편승하여 슬그머니 GMO 보따리를 풀어 놓으려는 저의가 과연 무엇인지 궁금해요. 그것도 농촌을 진흥하자는 곳에서 그러고 있는데, 세계적으로 환경 생태계에 미치는 위해성에 대해 조금이라도 알고 있는지 궁금합니다. 대한민국의 농업·농촌·농민들이 지난 이명박 정권 5년간 얼마나 고생했어요. 농림 관료들을 품목별 물가 관리 담당자로 지명해서 무조건 무관세, 할당 관세로 수입을 촉진시킨 결과 배추 농가가 절단이 나고, 돼지 농가가 허덕이고 있어요. 이명박 식 물가 정책으로 국내 농산물 시장 가격 체계가 뒤죽박죽이 되어버렸어요. 그런데 그런 농민들이야 죽든 말든, 소비자들이 반대하든 말든 히트 칠 것만 호시탐탐 노리는 관료학자들의 입신양명 기회주의가 너무나 안타까워요.

안철환: 전직 농림부 장관으로서 현재 우리나라의 농업과 농업 정책을 어떻게 보시나요?

김성훈: 우리나라의 농축산업 총생산액이 43조 원 내외인데, 농축산물 총수입액이 그에 육박합니다. 그러한 상황에서 농업 정책의 중심은 여전히 '경쟁력 패러다임'이 주도하고 있죠. 땅값이 외국에 비해 10~20배나 높고, 1호당 경지 면적이 그 100분의 1 수준인 최악의 조건에서 농업인의 고령화 추세도 가속화되고 있습니다. 이러한 시대를 맞아 환경 생태적으로, 그리고 사회 경제적으로 지속 가능한 농업이 얼마나 가능할지는 정부의 가족농 협동화와 전문화 정책에 달려 있습니다. 그것이 사람도 살리고 농업과 농촌 공동체도 살리면서 환경 생태계도 함께 살리는 가장 슬기로운 길이 분명한데, 현재 박근혜 정부의 5대 농정 과제에서는 그것이 보이지 않습니다. 박근혜 정부의 농정에서는 농민은 보이지 않고, 그 대신 기업농이면 된다는 식의 사고가 부쩍 파고들었어요. 일부 관료학자들은 뱁새가 황새걸음을 흉내 내듯이 가격경쟁력 지상주의에 젖

어 별별 요사스러운 대책들을 내놓고 있어요. 어디 농산식품이 가격경쟁력만 있으면 만사 오케이인 물건입니까? 품질과 안전성이 더 중요하고, 그리고 지역 사회의 공동체 유지 기능도 중요하지 않습니까? 생산 및 유통·가공 판매의 협동화가 공동체도 살리고, 결국 도시 소비자의 건강과 생명도 돌보며 환경 생태계 등의 비가격적 공익 기능을 키우는 방법이 됩니다. 그 길이 바로 국민을 행복하게 만드는 길이죠.

이해식: 생명 산업인 농업에서 경쟁력 패러다임을 버려야 한다는 말씀이네요.

김성훈: 가격경쟁력에만 혈안이 되어 땅이 넓고 생산비가 낮은 미국이나 브라질 같은 데만 쳐다보고 있어요. 농촌·농민은 실험 대상이 아니라 돌봄과 섬김의 대상입니다. 농업이 가지고 있는 환경, 생태, 문화 전통, 공동체, 도농상생 등 다양한 공익적 기능을 감안해서 농정의 시야를 넓고 길게 봐야 해요. 독일, 프랑스, 스웨덴, 스위스, 오스트리아 같은 유럽 국가들의 농정을 참고해서 농정을 본래의 자리로 돌려놓아야 합니다. 농림축산식품부는 그 고유한 영역과 의무, 책임이 하늘과 국민들로부터 주어진 것이지, 기획재정부나 산업통산자원부의 시녀 부서가 아니라는 사실을 명심해야 합니다. 농림부서가 농민과 농촌의 지역 공동체를 돌보지 않으면 누가 그들을 감싸 안아주겠어요? 농림축산업의 생명 산업적 가치와 농촌·농민의 공동체적 가치를 지켜내지 못하겠거든 차라리 간판을 내리고 다른 부처의 일개 국이나 과로 전락하는 것이 더 나을 거예요. 이러다가 "차라리 농림축산식품부를 없애라"는 주장이 농민들에게서 터져 나

오지 않을까 몰라요.

안철환: 이번 정부에서 추진하는 농정에도 문제가 있다는 말씀이시죠?

김성훈: 박근혜 정부의 농정 방향을 보면 추상적인 말 잔치만 있지 현재와 미래의 농업 현안에 대한 고민이 보이지 않아요. 사람으로서의 농민을 살릴 철학과 비전이 보이지 않는다는 말입니다. 누군들 '희망찬 농업, 활기찬 농촌, 행복한 국민'을 말로야 천만 번 외치치 못하겠어요? 직시하기에 고통스러운 핵심적인 농업 문제들이 이번 정부의 5대 국정 과제에서 비켜나 있어요. 이 지구상에 홍콩, 싱가포르 같은 도시국가를 제외하고 국민의 식량(곡물)자급률이 20%대를 겨우 넘는 나라가 우리나라 말고 또 어디에 있습니까? 기후 변화 같은 일 때문에 식량 총생산량의 증가세가 멈추면서 현재 주기적인 애그플레이션 현상[5]으로 세계 경제가 휘청거리고 있습니다. 그 가운데 유독 대한민국만 자급률이 최하위권이에요. 가용 농경지 면적과 산지가 줄어들고, 농가 소득도 해마다 줄어들어 7년째 제자리걸음이죠. 그런데도 '희망찬 농업'을 외치고 있어요.

박근혜 정부의 농정에는 부동산 투기꾼들에 대한 고민이 별로 보이지 않습니다. 그 사람들이 농지와 임야를 비농업 용도로 잠식하고 있어요. 정부에서는 2020년까지 최소 곡물자급률 32%를 성취하려면 최소한 175만 헥타르의 농경지가 필요하다고 하는데, 그동안 농경지가 각종 상공업 및 도시 용도로 바뀌면서 2011년 현재 전국의 농경지 면적이 겨우 169만

---

[5] 농업을 뜻하는 '애그리컬처(agriculture)'와 '인플레이션(inflation)'을 합성한 신조어로 곡물 가격 상승의 영향을 받아 일반 물가가 상승하는 현상을 가리킨다.

헥타르밖에 안 됩니다. 농촌경제연구원에서는 이 추세대로 가면 10년 후에는 157만 헥타르의 농경지가 남을 거라고 예측하고 있어요. 그보다도 더 우려되는 현상은 우량 농지와 산지가 부동산 재테크의 투기 대상으로 변질되고 있다는 사실입니다. 농경지가 불법·탈법으로 부재지주의 수중으로 넘어가고 있어요. 언제부터인지 농림축산식품부의 통계 자료집에는 아예 임차농경지[6] 면적의 통계마저 빼버렸어요. 아무튼 대충 잡아 대도시 근교의 농경지는 80~90%가 비농민이 투기나 재산 증식 수단으로 보유하고 있죠. 농촌 지역 농경지의 40~60%가 부재지주나 비농민에 의해 소유되고 있다는 사실은 공공연한 비밀이에요. 내각 각료들 청문회에서 드러난 것처럼, 이른바 엘리트들이 전국 각지에 논밭과 임지를 불법적으로 투기해온 사실을 모르는 사람이 없을 정도잖아요? 농지 제도를 획기적으로 개혁하지 않고는 장차 국민의 생존권이 달린 식량, 농업 정책의 활로와 농가 소득 안정화의 방도를 찾을 수 없을 겁니다.

안철환: 농민들 치고 농협 욕을 안 하는 사람이 없을 정도인데, 농협과 관련된 문제는 어떻습니까?

김성훈: 우리나라에서 농정의 절반이라 말해도 과언이 아닌 데가 대한민국의 최대 금융·경제 단체인 농협중앙회와 그 지주회사입니다. 이명박 정권이 외국계 컨설팅 회사의 용역 자문을 받아 의욕적으로 농협 개혁이란 것을 단행했는데, 기껏 했다는 게 협동조합적인 성격을 쫙 빼서 주

---

[6] 농림축산식품부는 헌법에서 금지하는 '소작농'이라는 용어를 피해 '임차농'이라고 표현한다.

식회사 같은 지주회사 체제로 바꾸어버리고, 그 이름마저 NH라고 '세계화'해버렸죠. 한마디로 농민 조합원과의 거리를 더욱 멀게 만든 것이 바로 농협개혁의 소산입니다. 임직원은 조합원인 농가의 소득보다 몇 배나 더 많은 월급을 받고, 회장님은 수십 배나 더 받으며 호의호식하고 있죠. 그런 것쯤이야 농민 조합원들의 경제와 살림살이가 좋아진다면 하등 잘못된 게 아닙니다. 하지만 조합원들의 살림은 날로 쪼그라들고 궁핍해지는데 임직원들만 호의호식하는 건 무언가 잘못되어도 한참 잘못되었습니다. 개혁하는 조건으로 5~6조 원의 정부 추가 지원을 얻어냈는데, 그것도 밑 빠진 독에 물 붓기나 다름없을 거예요.

지난 수십 년간 새로 정권이 들어설 때마다 유통 구조를 개혁해서 농민은 제값을 받고 소비자는 값싸게 안전한 농산식품을 사게 만들겠다고 외쳤어요. 그런데 그게 현행 농협지주회사의 고임금 비효율 체제로 감당할 수 있는 일일까요? 아마 소나기가 지나고 나면 농협은 다시 정부가 추가적인 지원을 해야 유통 개혁을 할 수 있다며 예전에 했던 요구를 할 게 뻔합니다. 이건 농협이 언제부터 인도주의 단체였다고, 다문화 가정을 위해 농산물을 수입해서 판매해야 한다고 볼멘소리를 하는 배경과 일맥상통해요. 농협이 발족한 지 50년이 지난 지금쯤은 농민 조합원과 소비자들이 공감하는 가시적인 유통 개혁 성과를 보여줘야 할 것이 아닙니까?

농림수산식품부에서 작년에 농수산식품 수출액이 80억 1,000만 달러를 기록했다고 자랑하고 있는데, 정부에서 물류비 지원을 받아 수출한 1억 달러가 넘는 주요 품목을 보면 낯이 뜨거워질 정도예요. 담배, 참치, 커피 조제품, 자당, 라면, 소주, 과자, 음료수가 그건데, 이것들이 농가 소득 증대와 무슨 상관이 있어요? 우리나라 농업·농민과는 거리가 한참이나 먼

품목들이죠. 과자를 만드는 원료 대부분은 외국에서 수입한 것들이에요. 또 식품 산업을 육성하고 생산 및 유통의 현대화를 촉진한다며 정부 예산 지원을 쏟아 부은 대상에 수입 농산물을 주원료로 사용하는 가공식품 대기업들이 포함돼 있어요. 정부가 지원하지 않아도 잘나가는 대형 재벌 마트들에게도 농림 예산이 지원되었고요. 심지어 퇴직 관료들의 취업 자리를 제공해준 모 재벌에게 소농과 가족농에게 돌아갈 거액의 FTA 대책 자금이 지원되기도 했어요. 국민의 혈세를 죽어라 쏟아 부은 새만금 간척지를 농민이 아닌 대기업들에게 우선하여 특혜 분양도 했어요. 언제부터인가 농업 예산이 재벌, 대형 유통 및 가공업체들에게 흘러가고 있어요. 그렇지 않아도 농림축산 예산이 줄어들고 있는데 말이죠. 박근혜 정부에서는 그런 우를 범하지 않았으면 좋겠습니다.

식물 공장

기후 변화가 극심해지고, 도시 안에서 농지를 찾기 힘들어지면서 도시에서 안정적이고 지속가능한 농업의 방법으로 식물 공장이 새롭게 부각되고 있다. 농촌진흥청에 따르면 현재 15개소의 식물 공장이 운영되고 있다고 한다. 2013년 5월, 노원구에는 8억 원의 예산(노원구 3억 원, 삼육대학 5억 원)으로 식물 공장이 준공되기도 했다.

그러나 식물 공장은 지속가능한 농업의 방법이 아니라는 반론이 거세게 제기되고 있다. 2011년 고려대학교 임송택 교수의 논문에 따르면 식물 공장의 에너지 투입량은 비닐하우스의 60배에 달하고, 상추 1킬로그램을 기준으로 생산비는 1만 4,428원으로 비닐하우스의 약 14배에 달하며, 이산화탄소 배출량은 상추 생산량의 약 15배에 이른다.

쿠바를 살린 도시농업

안철환: 요새는 어디에서나 도시농업이 굉장히 유행이어서 반가운 일이기는 합니다만, 그렇지만 이게 한때의 유행으로 그칠 가능성도 충분히 있습니다. 여전히 취미, 오락, 여가 선용 정도의 의미 이상으로 발전하지 않아서 그렇다고 봅니다. 뭔가 우리 생활을 전면적으로 변화시키는 한 계기로 도시농업의 역할이 있었으면 합니다. 그래서 제가 예전에 청장님에게도 제안했는데, 막연한 도시농업이 아니라 강동구를 '한국의 아바나'로 만들자, 아예 '도시농업 생태도시'로 만드는 계기를 마련하자고 했습니다. 김성훈 전 장관님께서도 쿠바에 다녀오신 적이 있으니, 청장님이 도시농업으로 생태도시를 만드는 일이 과연 가능할지 물어보는 건 어떨까요?

김성훈: 청장님이 서울시장이 되면 문제없이 가능합니다.

이해식: 하하하, 지금 박원순 시장이 잘하고 있으니까요. 박원순 시장이 당선된 이후 도시농업에 확 불이 붙었습니다.

김성훈: 제가 지난해 말 8박 10일 일정으로 쿠바에 두 번째 유기농업 연수를 다녀왔어요. 2003년 5월 아바나에서 열린 세계 유기농업 대회에 참가하려고 방문한 이후 10년 만이에요. 쿠바의 유기농업 성공 사례에서 우리나라 농업·농촌·농민의 현재와 미래를 개척하는 교훈과 방도를 찾아보자는 뜻이었습니다. 물론 쿠바의 풍토와 정치, 경제, 사회, 문화 및 발전도가 우리와 서로 달라서 농법이 꼭 같을 수가 없긴 해요. 그렇지만 유기농업이야말로 현재 지구촌의 당면한 기후 변화, 환경 생태계 악화, 국민 건강과 식량 문제의 위기를 해결하는 가장 강력한 대안이라는 건 사실입니다.

안철환: 맞습니다. 제가 쿠바의 유기농업, 도시농업을 소개한 『생태도시 아바나의 탄생』을 번역했는데 선생님이 추천사를 써주셨지요. 아마 그 일로 선생님이 쿠바의 전도사가 되신 것 같습니다만…….

김성훈: 아니, 안철환 소장이 나보다 더 쿠바 전문가죠. 아무튼 쿠바는 지난 10년 사이에 아바나와 그 인근 지역에 한정되었던 특유의 저투입·저탄소·저비용·저가격의 유기농 도시농업이 전국적인 근교 농업으로 확대 발전하고 있었어요. 쿠바가 유기농업 정책을 공식화한 지 20년이 되었는

쿠바의 수도 아바나의 도시 텃밭에서 농사를 짓고 있는 주민 모습. 사진 ⓒ 이진천

데, 사람이 모여 사는 거의 전 지역에 유기농업과 자원 순환 농업이 이루어지고 있었고, 전 국민이 유기농업을 생활화하고 있었습니다. 우리처럼 별도로 유기농산물 인증제를 시행할 필요가 없을 정도예요. 한마디로 쿠바에서 유기농업은 여러 대안 중 하나가 아니라, 쿠바의 농업 전부라 해도 과언이 아니에요. 유기농업이 흙과 땅을 살리고, 강과 하늘을 살리며, 농민과 소비자 국민을 모두 살리는 길이었어요.

안철환: 그래서 저도 한국의 도시농업이 단순히 텃밭의 확산에서 끝나서는 안 된다고 생각해요. 뭐랄까 좀 더 생태적인 유기농업을 실천하는 장이 되어야 한다고 이야기하고 다녀요. 그 첫 시작을 강동구에서 했으면 하는 바람이 있습니다.

김성훈: 쿠바가 왜 유기농업을 시작했는지 아세요? 구소련의 몰락과 미국

의 경제 봉쇄 조치 때문이었어요. 당시 식량, 석유, 화학 비료, 농약 등 각종 필수품 수입과 무역 행위가 불가능해지면서 '평화 시기의 비상사태'를 선포하고 거국적으로 유기농업 정책을 전개했어요.

이해식: 말씀처럼 쿠바의 경우는 생존 전략의 하나로 도시농업을 육성했다고 봐요. 경제 봉쇄가 오히려 쿠바에게 전화위복의 계기가 될 수 있었죠. 저는 유투브를 통해서만 조금 봤는데, 쿠바는 도시의 자투리 공간들을 다 텃밭으로 활용하더라고요. 우리가 녹지를 활용해서 텃밭을 만드는 것과 차이가 좀 있는 것 같아요. 그래도 그러한 쿠바의 독특한 노력이 결국은 농업을 통해 땅을 살리고 공동체를 살리는 일환이었다는 면에서는 도시화로 피폐해진 공간이나 삶을 재생시키는 데 배울 만한 점이 있죠. 저는 쿠바보다는 오히려 밴쿠버와 같은 도시의 사례가 우리와 비슷한 것 같아요. 밴쿠버는 세계에서 가장 살기 좋은 도시로 꼽히는데, 도시농업

캐나다 브리티시 컬럼비아 대학 내에 있는 농장에서 청년들이 밭을 일구고 있다. 캐나다는 청년들의 취미 생활로 농사를 적극 장려한다. 사진, 자료 ⓒ 이상원

캐나다 밴쿠버 도시농업협회에서 양봉에 쓰는 벌통.
사진, 자료 ⓒ 이상원

이 활성화된 것도 그에 일조하고 있죠. 깨끗하고 쾌적함의 징표랄까요. 그런 면에서 강동구가 추구하는 것과 상당히 비슷해요. 강동구 도시농업의 특징이라 할 수 있는 점은, 서울 동쪽 외곽에 위치해 있기 때문에 녹지가 많고 쾌적하다는 점이지요. 그래서 주민들이 그런 환경을 자랑스러워해요. 그런 환경의 질을 도시농업으로 높인다고 볼 수 있어요. 환경의 수준이 높아지는 거죠.

요즘 여러 주민들을 많이 만나는데 이제 상당히 많은 사람들이 강동구가 도시농업을 열심히 한다는 걸 좋아합니다. 사실 강동구의 부동산 값이 만만치 않아요. 강동구를 강남 4구라고도 하거든요. 그러니 경제적으로 욕심이 날 만도 한데, 강남보다 더 부유하지는 않지만 훨씬 환경적으로 쾌적하고 맑고 깨끗한 지역이라는 것에 대한 주민들의 자부심이 있는 것 같아요. 그것이 바로 친환경 도시라는 인식에 도시농업이 기여하는 점이죠.

김성훈: 예, 청장님 말씀이 맞습니다. 쿠바의 경우에는 절체절명의 위기를 극복하려고 국유화했던 관행농업의 토지를 농사에 대한 의지가 있는 사람들에게 소규모 가족농업이나 신용 서비스 협동조합, 주식회사형 협

미국 시애틀의 텃밭들. 시애틀은 시 정책으로 도시농업을 지원하고 있다. 처음에는 아시아와 아프리카의 이민자들을 중심으로 시작된 도시농업이 지금은 미국 전역에 널리 확산되었다. 사진, 자료 ⓒ 이상원

동조합, 국영 협동조합 등 다양한 형태로 경영권을 분양해서 농사를 지을 수 있도록 했어요. 그 이전에도 카스트로가 1967년부터 대학 졸업생들에게 레이첼 카슨 여사의 『침묵의 봄』을 선물했다고 해요. 이렇게 경제 봉쇄 사태 이전부터 친환경 유기농업의 실행 기반을 준비했던 것이에요. 가장 중요한 건 지역 자원의 재활용 순환 농업을 권장하고, 조상 대대로 이어져 온 전통 농업의 기술과 자재를 발굴하여 현대의 생물학적 기술에 접목시키는 이른바 21세기형 온고이지신(溫故而知新) 유기농업을 적극 개발한 것입니다. 도시의 유휴공지에는 틀을 짜서 두둑을 만드는 농법을 도입하고, 농가와 농장마다 지렁이 분변토와 외양간 퇴비를 만들어서 흙을 비옥하게 하고, 농림축산 부산물과 각종 미생물 및 천적을 개발해서 활용하는 생태 농업을 적극 보급했어요. 쿠바의 모든 농업 연구기관이 총동원되어 환경도 살리고 생산성도 높이는 생태 농업 기술과 자재를 개

발하는 데에 앞장섰어요.

이해식: 그동안 우리가 바라보는 입장에서의 관조적인 녹지를 추구했다면 도시농업은 녹지를 주고받는 관계가 되는 것이라 생각합니다. 낙엽만 보더라도 그동안은 쓰레기였죠. 도시 안에서 어떻게 없앨지만 고민을 해왔는데, 도시농업을 통해 그걸 재활용할 길이 열리게 되었죠. 강동구에서는 낙엽퇴비장을 운영해서 퇴비를 만드는 일만이 아니라, 음식물쓰레기를 퇴비화하는 일도 시도하고 있습니다. 이런 점에서 쿠바의 사례는 살펴봐야 할 필요가 있겠네요.

김성훈: 쿠바의 유기농업 혁명은 여성이 앞장섰다는 게 흥미롭습니다. 어머니와 여성들이 유기농업 운동의 최선두에서 핵심 요원으로 활동했어요. 뿐만 아니라 친환경 영농체험을 중학생 이상의 청소년 교육 과정에 적극적으로 반영했습니다. 이렇게 해서 쿠바의 유기농업 실험이 예상을 뒤엎고 크게 성공했죠. 2003년 무렵에는 식량 자급률이 유기농업 정책을 시작하기 이전의 43%보다 훨씬 높은 90%대의 수준을 달성했어요. 다만 협의의 쌀, 보리, 밀 등 밥상용 식량의 수급 통계는 그때나 지금이나 공개하지 않고 있긴 합니다. 똑같은 일을 겪은 북한에서는 200여만 명이 기아로 쓰러졌지만, 쿠바에서는 유기농 도시농업 정책을 펴면서 최소한 굶어죽는 사람은 발생하지 않았어요. 오히려 식단이 유기농산물 중심으로 바뀌면서 건강 수준이 좋아졌다고 봐야죠. 정책 실행 이후 병원에 출입하는 환자 수가 30%나 줄어들었으니까요. 미국에 가보세요. 고질적 현대병인 비만증 환자가 길거리에 엄청납니다. 그런데 쿠바에는 그런 사람을 찾

아보기 힘들어요.

이해식: 요즘 우리나라에도 비만 환자가 늘어나고 있어요. 저는 이게 다 먹을 거리와 상관이 있다고 생각합니다. 특기 고기 소비 증대가 크게 원인이 된다고 봅니다.

김성훈: 쿠바가 유기농 도시농업을 하면서 특히 달라진 것이, 도시에 녹색 면적이 현저하게 늘어나면서 도시의 환경 생태계가 다시 살아났다는 겁니다. 쿠바가 이렇게 생태도시, 친자연, 친환경, 천혜의 관광천국이란 명성을 세계적으로 알리면서 2005년부터 관광수입이 국가의 제1 수입원이 되었습니다. 처음 쿠바를 다녀왔던 이후 10년 사이 아바나에서 시작된 도시농업이 전국적으로 확산되었고, 화학 비료나 농약 대신 현대화된 토착 농자재를 이용하는 비율이 크게 늘어났습니다.

지금까지도 일반적인 통설은 생태 보전형 유기농업을 추진하면 전반적으로 생산성이 떨어지고, 생산성 향상을 위해 관행농법을 하면 생태계를 오염시킨다는 것이 상식입니다. 그런데 쿠바는 생산성이 떨어지지 않으면서 생태계도 보전하는 실험에 성공했죠. 스탠포드 대학교 조사단이 2003년에 쿠바 유기농업의 성공을 가리켜서 '인류 미래의 위대한 희망'이라고 결론을 지었어요.

안철환: 선생님, 그런데 쿠바가 외화를 벌기 시작하면서 다시 쌀과 밀, 고기 같은 식량 수입이 은밀하게 늘어나 식량 자급률이 떨어져가고 있다고 해요. 어떤 사람은 그래서 쿠바의 유기농업에 대한 열정이 낮아진 것 같

다는 우려를 하더라고요.

김성훈: 사람이 사는 곳인데 그런 일도 있을 수 있죠. 물론 쿠바의 일상생활이 아직 초라한 면도 있습니다. 그래도 쿠바의 유기농 도시농업은 자연과 사회의 지속적 순환과 발전이 가능하다는 걸 증명했다는 점이 중요합니다. 자원의 지역 내 순환과 이에 상응하는 생산·생활 방식을 변화시킴으로써 생태계의 영생(sustainability)을 확보하고 농업 생산성도 향상시키고 생활 양식을 전환시킨 '늘푸른 혁명'이죠. 농약과 화학 비료가 뒷받침하는 종자에 의한 관행농업을 처음에는 이른바 '녹색혁명'이라 했지요. 언뜻 보면 식량을 증산하는 데 성공한 듯하지만, 인류의 건강과 환경 생태계를 파괴하는 지속 불가능한 '검은 혁명'이라고 평가됩니다. 하지만 쿠바의 유기농 도시농업 사례는 식량의 증산도 이루고 생태계도 보전하는 '푸른 혁명(Blue Revolution)'이라고 해요. 그 성공 요인을 정리하면 이렇습니다.

첫째, 사적 경영을 허용한 가족농 중심의 저절한 토지 개혁입니다.
둘째, 직거래 단거리 유통을 중심으로 시장개혁을 이루었습니다.
셋째, 농생태학에 기반을 둔 흙 살리기 운동으로 지렁이 분변토와 각종 토착 미생물 및 천적 같은 기술을 개발하여 보급했습니다.
넷째, 유축 농업으로 농가에서 가축의 분뇨 및 부산물을 순환시키고, 과학 기술에 기반을 둔 윤작, 간작 같은 농법을 정착시켰습니다.
다섯째, 전통 농업의 기술 및 자재를 현대 과학 기술과 성공적으로 접목시켰습니다.
마지막으로, 농민이 직접 참여하여 현장 실험을 행하고 모티베이션을 부여했습니다. 무엇보다도 최고 국정 지도자의 깨어 있는 비전과 친환경에 대한 신념이 쿠바의 농업에 과감한 전환을 가져왔어요.

안철환: 선생님 제가 예전에 『4천 년의 농부』라는 책의 작업을 도운 적이 있는데요. 이 책의 내용이 1909년 미국의 토양 관리 국장이 한·중·일 삼국이 수천 년 동안 농사를 지어왔어도 토양이 황폐해지지 않은 비결이 무언가 알아보려고 토양 관리법을 중점적으로 살펴보고 돌아가서 남긴 기록이에요. 그걸 보고 저는 유기농업의 본류가 지금 알고 있듯이 서양에서 시작된 것이 아니라 오히려 동양이라고 볼 수 있을 것 같다고 생각했어요.

김성훈: 아주 중요한 지적입니다. '오래된 미래'가 멀리 있는 것이 아니에요. 바로 우리나라에 오래된 미래가 있습니다. 제가 젊었을 적에 미국에서 교육을 받으면서 미국은 무조건 옳고 미국 방식은 모두 선진적인데, 우리 것은 낡고 후진적이라고 생각하기도 했어요. 실제로 미국에 가서 보니 광대한 농토에 기계화와 화학농법으로 농사를 얼마나 멋지게 짓던지, 미국 농업을 한없이 부러워한 적도 있죠. 그걸 우리는 농업 현대화의 길이라고 예찬하면서 열심히 좇아왔잖아요.

안철환: 제가 그 책에서 인상 깊었던 부분이, 제가 똥 전도사이기도 한데, 흙에서 나온 것과 인간의 몸에서 나온 똥을 거름으로 만들어서 다시 흙으로 돌려보내는 방법을 활용해 수천 년 동안 수억의 사람들이 먹고 살아왔다는 점입니다.

김성훈: 제목 그대로 4천 년 동안 영생해온 동양 3국 농부들의 유기농업이죠. 콩 돌려짓기와 사이짓기, 자원의 순환, 벼와 조, 보리, 밀, 옥수수 농사를 경영하면서 유축농업(有畜農業)과 거미줄 같은 관개망으로 지력을 높였죠. 먹고 쓸 수 있는 걸 모두 사용하고, 그렇지 않은 모든 건 땔감으로 쓰고, 그렇게 하여 발생한 배설물과 잔여물을 거름으로 만들어 다시 모두 땅으로 돌려줬어요. 제가 어릴 때 어른들이 하시는 걸 보고, 직접 일하며 했던 일들입니다. 그런 의미에서 유기농업은 오래된 미래 농법이라고 할 수 있어요. 청장님도 친환경 도시농업을 퍼뜨리시는 데에 이런 우리의 전통적인 농업을 염두에 두고 사업을 하셨으면 좋겠어요.

이해식: 안 그래도 강동구에서 열리는 도시농부학교에 한번씩 '전통 농업'에 대한 강좌를 넣고 있습니다. 올해부터는 토종학교를 개설해서 본격적으로 토종 종자를 보전하고 보급하는 일을 추진하려고 합니다. 이미 토종 종자를 증식하기 위한 토종 농장을 1,500제곱미터 정도의 규모로 마련해서 운영하고 있었는데, 거기에서 빚은 종사를 원하는 사람들에게 널리 보급하려고 하니까 토종학교라는 형태가 필요하겠더군요. 그냥 마구잡이로 나누어줄 수는 없으니까요.

안철환: 제가 토종 종자로 농사를 지으면 여기저기 많이 나누어줬는데, 교육이 밑바탕이 되지 않으면 씨앗이 소중한지 모르고 잃어버리는 사람들이 너무 많더라고요. 그래서 이번에 강동구와 함께 토종학교를 만들어서 토종 종자도 보전하고 토종에 관심 있는 사람들도 한자리에 모아 함께해보자고 제안했습니다.

김성훈: 참 잘하셨습니다. 강동구를 우리나라의 '오래된 미래'로 만들어 보세요.

2부

씨를 뿌리다

텃밭을 시작하다

이해식: 강동구에서 친환경 급식을 준비하면서 우리가 먹는 식자재가 어디에서 오는 것인지, 어떻게 생산되는 것인지 등을 도시민이 알아야 한다고 생각했는데, 그렇게 하려면 도시농업만큼 좋은 방법이 없었습니다. 그래서 우선 농사를 지을 수 있는 땅을 찾기 시작했어요. 강동구에는 이미 전업으로 농사짓는 사람들이 많아서 빈 땅, 즉 농지를 찾기가 만만치 않았습니다. 결국은 국공유지에서 빈 땅을 찾으려고 했지요. 분명히 한강 고수부지 쪽에 땅이 있을 거라고 판단을 한 거예요. 그래서 치수과장을 불러서 한번 빈 땅을 찾아보라고 이야기했는데, 일주일 뒤에 현황판을 그려 와서는 땅이 하나도 없다는 거예요. 지목이 이러이러한데 여기는 주차장 부지이고, 여기는 어떻고 저기는 어떻고 하면서 결론은 도시농업을 할 수 있는 땅이 없다는 거예요. 당시 과장들도 도시농업에 대한 인식이

나 개념이 별로 없다 보니 그런 일도 있었죠. 그렇다고 제가 측량기를 가지고 가서 직접 측량할 수 있는 것도 아니고, 일단은 알았다고 했죠. 그리고 곰곰이 생각한 끝에 우선 친환경 체험 농장을 만들어서 직접 농사를 짓지는 못해도 급식을 먹는 아이들이 와서 친환경 농사를 체험하게 해보자는 생각을 했죠.

안철환: 상일동의 농장을 말하는 건가요?

이해식: 예. 그래서 2009년 상일동에 만들게 된 것이 친환경 체험 농장이에요. 여기도 우여곡절이 있습니다. 2008년 말 상일동에 농협 자재 창고를 짓는 일이 강동구의 핫 이슈가 됐어요. 여기가 주택가 앞인데 농협 자재 창고가 들어오면 경관이 안 좋아지기도 하고 트럭들이 많이 지나다니면 교통도 안 좋아진다며 주민들의 반대가 거셌어요. 당시 그곳에 자재 창고를 지으면서 그 부지 중 일부를 농협과 협의해서 도시농업에 이용할 수 있도록 이야기가 오가고 있었는데, 결국 무산되었죠.

이젠 땅을 빌려서라도 해야겠다고 생각하며 수소문해서 찾게 된 땅이, 강동구 농민들이 농사짓고 있던 상일동의 농지였습니다. 이곳을 친환경 체험 농장으로 빌리게 되었죠. 저도 몇 번 가서 함께 농사 체험을 했는데, 달걀노른자로 만든 농자재를 아이들에게 시범도 보여주고 방울토마토에 직접 뿌리게도 하고, 농작물을 따는 체험도 했어요. 그게 반응이 굉장히 좋았죠. 아이들이 그런 과정을 거치며 친환경이 무엇인지 농사가 무엇인지 조금이나마 알 수 있게 된 거예요.

상일동 체험농장에서 농사 체험을 하고 있는 아이들.

그렇게 제가 도시농업에 계속 관심을 쏟으니까 직원들도 움직이며 땅을 찾기 시작했어요. 하지만 논의 끝에 국공유지에서는 도저히 할 수 없어 일단 사유지를 임차하게 되었습니다. 그래서 2010년 4월에 둔촌 텃밭을 개장했죠. 임차료로 연간 800만 원을 주기로 하고, 첫해에 226구좌를 분양했어요.

처음에는 땅이 아주 척박했어요. 그걸 우리가 지금은 옥토로 바꾸어 놓았죠. 처음 개장식을 할 때 깜짝 놀랐어요. 텃밭을 분양한다고 공고가 나자마자 바로 마감되었는데, 2010년 4월에 둔촌 텃밭 개장식을 하자 사람들이 엄청 많이 몰려왔어요. 226구좌인데 800명이 넘게 왔어요. 텃밭 1구좌당 3~4명씩 나온 셈이죠. 그때 그 모습이 정말 감동이었어요. 지금은 그런 장관을 연출하지는 못하고 있지만요. 하하. 아무튼 저는 그걸 보면서 도시민들의 농업에 대한 열정이 보통이 아니라고 생각했어요. 그러면서 이후 도시농업 조례를 만들게 되었죠.

2010년 강동구 첫 텃밭인 둔촌 텃밭의 변천사.

안철환: 맞아요. 저는 요즘 도시인들의 농사지으려는 열정이 생존의 몸부림 같다고 합니다. 등산, 캠핑 바람에도 따지고 보면 흙으로 돌아가고픈 열정이 숨어 있습니다. 한시도 흙냄새를 맡지 않으면 살 수 없는 것입니다. 그러나 역시 흙냄새는 농사를 지어야 제대로 맡을 수 있습니다. 호미질하고 거름을 만들어 흙에 주는 일은 흙의 속살 냄새를 맡는 것이거든요. 그 바람이 강동에서 분 것입니다. 개장식의 열기가 그것이었죠. 그러고 나서 가을인가에 조례를 만들었지요?

이해식: 예, 도시농업 조례는 도시농업과 관련한 사업을 추진하려면 꼭 필요했죠. 처음 도시농업을 구상하면서부터 제도를 확립하려고 생각하고

있었어요. 그래서 처음에는 김성훈 장관님이 만드신 친환경육성법에 근거하여 친환경 체험 농장을 시작했지요. 아직 조례가 없을 때였는데 시범적으로 개장한 둔촌 텃밭이 주민들의 뜨거운 호응을 받는 것을 보고 자신감을 얻었어요. 사실 의회도 처음에는 도시에서 농업을 한다니까 황당해 하는 반응이었는데, 주민들의 반응을 보고 우호적으로 바뀌었습니다. 그러한 경험을 바탕으로 2010년 6월 선거 때 친환경 도시농업을 육성하겠다는 공약을 발표한 이후부터 도시농업 조례의 제정을 추진했고, 11월 10일 구의회에서 통과하게 되었죠.

안철환: 제가 알기로는 둔촌 텃밭이 도시농업이란 개념으로 처음 시작한 시민 농장입니다.

김성훈: 강동구에서 친환경 도시농업 특구라는 것도 처음 시작했죠?

이해식: 도시농업 특구는 사실 조례를 만들고 나서 2010년 하반기에 만들어졌어요. 4월에 둔촌 텃밭을 먼저 개장하고 2010년 선거에서 아예 친환경 도시농업을 실시하겠다고 공약을 거니까 의회에서도 그와 관련된 사업을 반대할 수가 없는 거예요. 자연스레 구청장의 역점 사업으로 밀어주는 분위기가 조성되면서 조례가 통과되는 데에 아무런 저항이 없었어요. 둔촌 텃밭이 아주 성공적으로 운영되면서 실제로 덕을 보았죠. 강동구의 조례가 특징적인 점은, 앞서 광명시에서는 도시농업과 관련하여 '시민농업' 조례라는 이름으로 만들어졌는데 강동구에서는 전국에서 최초로 '도시농업'이란 이름으로 조례를 만들었다는 점이에요. 또 하나는 1년간 실제로

텃밭을 운영하면서 검증을 거치며 제정되었다는 점이죠.

조례가 제정되면서 도시농업 관련 사업이 탄력을 받아서 텃밭 분양도 첫해 226구좌에서 830구좌로 늘어나게 되었어요. 제가 볼 때는 양적으로 830구좌로 늘어나면서부터 무언가 눈에 띄는 변화가 나타났다고 생각해요. 830구좌도 예전과 마찬가지로 인터넷으로 신청을 받아 분양했는데, 이때도 신청을 받자마자 매진이 되었어요. 이렇게 뜨거운 반응이 계속 나타나니까 직원들도 한마음 한뜻으로 도시농업에 관심을 가지게 된 거예요. 그러더니 국공유지에 없다던 땅이 나타나기 시작했어요. 도시농업 담당자가 바뀌면서 직접 현장에 나가서 측량도 하고, 고엽제 전우회가 점유하고 있던 컨테이너도 정리하면서 새로 농사를 지을 수 있는 땅이 나타난 거예요. 그리고 또 중요한 변화는 도시농업을 주도하던 지역경제과만이 아니라, 동의 주민자치센터에서도 자체적으로 도시농업에 적극적으로 나서기 시작한 점이에요. 둔촌동 주민자치센터에서는 센터 주변에 방치된 사유지의 주인을 찾아가 우리가 청소를 해줄 테니까 땅을 활용할 때까지만 텃밭으로 활용하게 빌려 달라고 해서 무상으로 임대하게 되었어요.

도시농업의 확산 속도

텃밭의 구좌(1구좌 당 다섯 평)가 증가하는 것을 통해 강동구의 도시농업이 확산된 양상을 살펴보면 2010년 처음으로 도시 텃밭을 개장할 당시에 전체 구좌가 226구좌에 불과했다. 이듬해인 2011년에는 830구좌로 약 4배 정도 늘어났고, 2012년에는 2,300구좌로 급증했다. 이후 2013년 현재 3,800구좌에 이르렀고, 앞으로 꾸준히 텃밭을 확보하여 2020년까지 약 19만 가구 남짓한 강동구의 주민들과 함께 '1가구 1텃밭'을 실현하려 노력하고 있다.

전국 지방자치단체의 친환경 도시농업 관련 조례 제정 현황(제정일순)

서울시 강동구(2010.11.10) 서울시 송파구(2010.12.30) 서울시 도봉구(2011.04.01) 대전광역시(2011.04.08) 서울시 종로구(2011.04.15) 서울시 금천구(2011.04.18) 광주시 남구(2011.05.03) 경기도(2011.05.03) 광주시 서구(2011.06.10) 서울시 노원구(2011.06.16) 광주시 동구(2011.09.26) 서울시 서대문구(2011.09.28) 경기도 하남시(2011.10.18) 대전시 서구(2011.12.23) 서울시 은평구(2011.12.29) 서울시 마포구(2011.12.30) 대구광역시(2011.12.30) 인천시 연수구(2012.03.06)

도시에서 텃밭 확보하기

안철환: 선생님, 그럼 강동구에서 어떤 식으로 하면 도시농업을 더욱 활성화할 수 있을까요? 지금도 강동구가 단연 도시농업의 최선두에 서 있지만, 아직 도시농업이 주민들 삶의 중요한 일부가 되기에는 턱없이 모자란 것이 현실입니다.

김성훈: 강동구에서 2010년부터 공식적으로 도시농업을 시작할 때부터 해오던 것이 점차 힘을 발휘할 거예요. 특히 건물을 지을 때 처음부터, 말하자면 베란다에서건 아파트에서건 텃밭을 만들 수 있게 건축 조례를 고치신 것은 아주 잘하신 거예요.

이해식: 예, 텃밭을 조경 면적에 포함시킬 수 있도록 최근에 변경했습니다.

안철환: 그것 때문에 저항이 많았을 텐데 괜찮았나요?

이해식: 제가 지난 2011년 6월 8일 청와대 영빈관에서 열린 11차 녹색성장위원회에 도시농업을 잘하고 있는 단체장이 대통령에게 보고를 하라고 해서 참석한 적이 있어요. 그때 두 가지 건의를 했는데, 시간을 2분 주더라고요. 그때 건의한 내용이 첫 번째가 건축법상에 조경 기준이 있는데 나무를 심는 것만 조경 면적에 포함시키지 말고 텃밭도 포함시켜 달라고 했어요. 두 번째가 농지 은행[7] 제도가 현재 임대 기간을 5년 이상으로 규정하고 있는데, 그걸 2년으로 줄여 달라고 했어요. 도시농업에서는 농지를 확보하는 게 관건인데, 보통 토지 소유자 입장에서 농지 은행에 맡겨 두면 여러 제도에 의해서 세제 혜택을 받잖아요. 하지만 2~3년 안에 누가 투자를 해서 새로 건물을 지을 수도 있고 여러 가지로 형태로 활용을 할 수 있는데, 무조건 5년이란 장기간 땅을 농지로 묶어 놓으면 소유자 입장에서는 그냥 방치하는 게 나은 거예요. 괜히 빌려주었다가는 개발도 못하고 재산권 실현도 못하니까요. 이걸 2년 정도로 낮추면 농지를 확보하기가 쉽지 않을까 해서 건의를 했어요. 그런데 모두 처리가 되지는 않은 상태예요. 당시 권도엽 국토해양부 장관이 발표가 끝나고 나서 나를 붙들고 자기가 해본다고 했는데도 그래요. 그런데 첫 번째 건의한 내용은 서울시 조례에 반영되어 2012년 11월에 개정이 됐어요. '5,000제곱미터 이상인 공동주택 등의 대지 안에서 공동으로 이용하는 텃밭은 그 면적의 2분의 1을 조경 시설 면적이 산입할 수 있다'고 개정되었어

---

[7] 소유한 농지를 농지 은행에 수탁 임대할 수 있도록 한 제도. 농지주는 일정한 임대료를 받는다.

요. 그리고 강동구 차원에서도 소규모 건축물 같은 경우에는 옥상 텃밭을 할 수 있도록 건축 허가 조건을 부여할 수 있는 내용을 넣은 강동구의 지침을 2011년 1월에 개정했어요.

안철환: 지침에 권한이 있나요? 그게 중요한데.

이해식: 이게 사실은 거의 의무 사항이죠. 건축 허가를 받으려면 그걸 해야 하니까요. 그런데 문제가 그렇게 건축 허가를 받아서 제대로 시행하지 않았을 때 제재할 수 있는 방법이 없다는 것이죠. 아무튼 이건 우리 구의 정책이니까 감안해서 참여하라고 하는 겁니다. 이건 제가 볼 때는 상당히 실효성이 있는 방안이에요. 동대문구에서는 200제곱미터 이상의 대지 면적 중에 5~15% 정도의 조경 면적을 법적으로 확보하도록 했는데, 아무것도 심지 않고 텃밭만 조성하면 인정하지 않는다는 지침을 마련하기도 했어요.

김성훈: 실질적으로 허가는 지방자치단체에서 내주니까. 어차피 건축을 하려면 조경 사업을 해야 하거든요. 그것을 텃밭으로 대체할 수 있게 하는 근거가 되는 셈이죠.

이해식: 그렇습니다. 허가를 내줄 때 일정 면적에 텃밭을 만들 수 있도록 한 겁니다.
이 외에도 몇 가지를 건의했는데요. 도시 지역의 공원에 '농업 공원'을 만들 수 있도록 하자고 해서 2013년 5월에 개정되었어요. 생태 공원만 만

강동구 도시농업지원센터의 옥상에 조성된 옥상 텃밭.

들 수 있는 게 아니라 도시농업 공원도 만들 수 있는 근거가 마련된 거죠. 또 용도 지구를 지정할 때 도시농업지구를 신설하자고 했는데 이건 아직 실현되지 않았고, 도시의 텃밭 주변에 주민 편의의 부대시설을 설치할 수 있는 근거를 마련하자는 건의도 아직 실현되지는 않았습니다.

안철환: 제가 요즘 조경 면적에 텃밭을 포함시키는 일 때문에 많이 알아보고 있는데, 현재는 다년생 식물만 가능하다고 되어 있거든요.

김성훈: 텃밭에도 다년생 식물을 심을 수 있잖아요. 아무튼 건축 조례를 그렇게 고쳐서 길을 터 놨으니까, 게으른 사람이나 생태적인 먹을거리를 싫어하는 사람, 아니면 절대로 그런 건 안 먹고 물만 마시는 사람이면 몰라도 강동구에 살면서 도시농업을 피할 수가 없게 되었어요. 기틀을 잘 만들었어요. 그런데 청장님, 건물을 지을 때 의무적으로 베란다를 만들

현재 운영 중인 도시농업공원의 전경.

어서 거기에 농사를 짓도록 법으로 정하지는 못하나요? 제가 실평수 넓힌다고 베란다를 없앤 아파트에 살고 있어요.

안철환: 베란다에서 농사는 잘 안 되지만 거기에 텃밭을 만들면 화재 등에도 유용한 공간이 되겠네요.

김성훈: 아니, 상추는 잘돼요. 내가 해봐서 알아요.

이해식: 조경 면적에 텃밭을 포함시키면서 의무적으로 "이만큼 해라"가 아니라, 텃밭을 만들어도 그걸 조경 면적에 포함되도록 하는 것이죠. 의무 사항이 아니라 권장 사항이어서 건물주에게 강제할 수는 없어요.
지금 강동구에 보금자리 주택이 들어올 예정인데, 박원순 시장이 내세운 것이 '팜 시티·바이크 시티·북 시티'예요. 농사를 짓고, 자전거를 타고, 도

서관이 있는 주거지를 만들겠다는 것이죠. 그래서 애초에 설계할 때부터 1가구당 1제곱미터의 텃밭을 확보하도록 계획했어요. 이렇게 민영 주택을 지을 때도 텃밭을 확보하도록 우리가 조건을 부여해야 할 것 같아요.

안철환: 텃밭을 조경 면적에 넣는 것과 관련해서 사실 반대가 꽤 많아요. 실제로 나무를 심지도 않고 야적장으로 불법 전용하다가 단속이 나올 때만 "텃밭으로 만들려고 놔둔 것이다"라고 핑계를 대기 때문에 그렇게 해서는 안 된다는 거지요. 텃밭을 조경 면적에 포함시키도록 한 것은 제가 볼 때는 아마 강동구가 전국 최초가 아닐까 싶습니다.

이해식: 이런 제도를 만들어서 잘 활용해 도시농업을 할 수 있는 길을 터 주는 게 가장 중요한데, 이것이 가능하려면 결국 도시민들의 인식이 변화되어야 해요. 그에 따른 교육이 필요하고, 인식이 바뀌어야 하고, 그러기 위해서는 도시농업으로 텃밭을 직접 해보면서 그 가치를 알아야 하죠. 그런 과정을 거치며 도시농업이 일정 궤도에 오르면 사람들이 말려도 알아서 텃밭을 만들 거라고 생각해요. 그리고 건축 허가를 내주면서도 텃밭을 만들라고 권장하는 일도 병행하는 것이죠. 옥상 텃밭 등을 만들도록 권장하면서 조금씩 공간을 늘려 나가야죠. 이때 중요한 건 합의를 통해서 나아가야지 의무적으로 무조건 하라고 강요하면 저항이 생긴다는 겁니다. 그런 측면에서 이런 식으로 추진하는 것이 낫지 않을까 싶어요.

도시농업의 기반을 조성하기 위한 노력

도시의 특성상 도시농업이 확산되는 데 가장 큰 걸림돌은 농지의 확보이다. 가장 이상적인 도시농업의 형태는 농지에서 건강한 방식의 농사법으로 농사짓는 것이지만, 그러한 공간을 확보하는 것이 쉽지 않은 것이 현실이다. 이에 도시에서도 농지를 확보하기 위해 다양한 법률과 조례를 제정하고 개정하는 데 힘을 쏟고 있다.

서울시의 건축 조례와 강동구의 건축 지침을 개정한 것이 그 하나의 사례이고, '도시 공원 및 녹지 등에 관한 법률 제15조'의 내용 가운데 도시 공원의 세분에 '농업 공원'을 신설하여 공원 시설에 실습장, 체험장, 학습장, 농자재 보관 창고 등 도시농업을 위한 시설을 설치할 수 있도록 개정한 것도 강동구에서 건의한 사항이다.

또한 현재 '국토의 계획 및 이용에 관한 법률 제37조'의 내용 가운데 용도지구 지정에서 '도시농업지구'를 신설할 수 있도록 건의하고, 개발 제한 구역의 지정 및 관리에 관한 특별조치법 제12조 및 시행령 제13조의 내용에 도시 텃밭 교육장 등 주민 편의 부대시설 설치의 근거를 마련하기 위해 노력하고 있는 중이다.

확산되는 텃밭

안철환: 강동구의 자랑거리 중 하나가 구청장을 비롯한 공무원들이 농부학교를 다니며 공부하고 수료 후 상일동에 공동체 텃밭을 만든 거예요.

김성훈: 상일동에는 농업기술자협회 유달영 선생님의 농장이 지금도 있어요. 농업기술자협회의 훈련시범 농장으로 지금도 운영하고 있어요. 강동구가 그렇게 유서가 깊은 곳이에요.

안철환: 여기가 옛날에는 논도 많고, 미나리꽝이 많았죠?

김성훈: 여기는 그대로 남길 바랐는데, 어느 날 갑자기 아파트가 들어서더라고. 할 수 없지, 대세니까.

이해식: 제가 암사동 선사 유적지에서 뵙자고 한 이유를 말씀드리면 이곳이 6천 년 전의 선사 유적이잖아요. 그때부터 사람들이 살았던 곳이고, 집터 유적으로는 국내 최대입니다. 그때부터 농경 문화가 시작된 곳이거든요.

김성훈: 그 당시 조건으로 볼 때 여기가 진짜 살기 좋았던 곳이에요. 바로 옆에 강이 있으니까. 강이나 바다가 있는 곳은 굶어 죽는 일이 없어요. 제가 6·25 때 바닷가 갯벌 옆에서 살았거든요. 그렇게 흉년이 들어서 쌀 하나 없고 좁쌀 구경도 못하는데, 우린 영양 상태가 좋았어요. 바닷가에서 고둥이나 게나 망둑어 같은 걸 잡아먹고 살았으니까요. 요즘으로 치면 건강 식품만 먹었죠. 내가 여기를 지나가면서 보니까 우리 선조들이 정말 현명하다는 생각이 들었어요.

안철환: 강동구에서 도시농업을 시작한 것은 여러 가지로 의미가 있네요.

이해식: 예, 그렇군요, 강동에 농업기술자협회 유달영 선생님이 계신 줄은 몰랐습니다.

안철환: 강동구의 역사로 소개할 만한 일이겠네요.

김성훈: 청장님께 물어볼 것이 있어요. 예전에 제가 강동구에서 구청 직원들을 대상으로 교육을 한 것이 언제죠?

이해식: 2010년입니다.

김성훈: 그렇게 오래됐어요? 지금 보니까 그해가 아주 의미 있는 해이던데. 청장님이 친환경 도시농업 특구를 선포하고, 조례를 만들어서 텃밭 226구좌를 시작한 것도 그해 아닌가요?

이해식: 맞습니다.

김성훈: 당시 이야기를 듣고 "참 대단하다. 이 아이디어를 누가 냈느냐?" 했더니, 청장이 냈다고 하더군요. 그것이 지금 3,000구좌가 넘게 늘어났다고요?

이해식: 올해는 총 3,800구좌입니다.

김성훈: 그게 몇 배예요? 거의 17~18배 늘었단 말입니다. 얼마 전 안철환 텃밭보급소 소장과 정용수 귀농운동본부 본부장이 개장식을 할 때, 2010년인가에 제가 왔죠. 그런데 솔직히 말씀드리면 이해식 청장의 첫인상은 전형적인 도시의…….

안철환: 하하하, 까도남 말씀이십니까?

김성훈: 그건 좀 아니고. 하여튼 도시의 탤런트 출신 청장이라고 생각해서 그냥 시범으로 해보는 것이다 생각했는데, 이게 장난이 아니게 확산되

어 지금은 도시농업의 선구자가 됐지요. 이렇게 생각한 동기나 계기에 대해 묻고 싶었어요. 혹시 조상이 농사를 지었어요?

이해식: 당연히 조상이 농사를 지었지요, 하하하!

김성훈: 지금은 강동구의 도시농업이 다문화 가정용, 노인용으로까지 확대되었다고 들었는데 어떤가요?

이해식: 도시민들의 농사에 대한 갈증을 어느 정도 해소하면서 우리 사회에서 더불어 살아가야 할 계층도 같이하자는 생각에서 시작하게 된 것이죠. 그 외에 강동구에 새터민이 한 200가구 정도 사는데, 강일동에 민주화운동사업회 이사장이 계세요. 그분이 어느 날 전화를 해서 강일동에 새터민연합회 회장이 있는데 자신들에게 텃밭을 분양해주면 좋은 일도 하겠다고 한다면서 어떻게 안 되냐고 하는 거예요. 그래서 20구좌를 분양해주었죠.

김성훈: 1구좌에 얼마나 되는데요?

이해식: 1구좌에 2평쯤 되죠.

김성훈: 그러면 두세 식구는 먹을 수 있겠네요. 내가 10평을 해봤는데 채소도 뜯어 먹고, 감자도 심고 해서 같이 나눠 먹을 정도로 상당히 큽니다.

이해식: 동 주민센터에서는 옥상 텃밭도 하고, 원래 주차장인 부지에 구획을 나누어 밭을 만들었어요. 박원순 시장이 출마하기 전, 지리산 가기 직전에 강동구를 찾아왔는데, 제가 창틀 상자 텃밭에 방울토마토와 고추를 재배하고 있어 그 사진도 찍어 갔지요. 그리고 제가 명일동 주민센터에 가보라고 추천해서 『마을, 생태가 답이다』라는 책에도 그 내용이 실렸습니다. 이건 제가 동 주민센터에 지시를 내려 시작한 것이 아니라 주민센터가 자체적으로 한 거예요.

안철환: 아니 주민센터에 지시한 것이 아니었어요? 동장이 자발적으로 한 거예요? 난 여태까지 지시해서 한 줄 알았네요.

이해식: 확대간부회의에서 도시농업에 관심을 가지라고 이야기한 적은 있지만, 어떻게 어디에 만들라고 지시를 하지는 않지요.

김성훈: 서울에 1,500만 명이 살아도 한 다리만 건너면 농촌, 농업과 다 연결되니까, 거기에 대해 자신이 의식하지 못하는 향수가 있어요. 그 향수를 일깨워준 것이 강동구의 도시농업 사업이죠.

이해식: 맞습니다. 동 주민센터에서 도시농업에 나서니까 이제 주민들이 자치위원 같은 분들 가운데 농사에 일가견이 있는 사람들이 자문으로 나서는 거예요. 그래서 명일동 같은 경우에는 심지어 더덕 같은 것도 심고, 작물이 매우 다양해졌어요.

강동구 도시농업 연도별 변천사

2009년 - 도시농업 준비기	어린이를 대상으로 한 친환경 체험 농장을 개장 ㅣ 친환경농산물 생산 농가를 지원하는 사업을 추진
2010년 - 도시농업 기반 조성기	둔촌동 친환경 도시 텃밭 개장(226구좌) ㅣ 친환경 체험 농장 운영(38회) ㅣ 전국 최초로 낙엽을 활용한 낙엽퇴비장 조성 ㅣ 친환경 도시농업 조례를 제정
2011년 - 친환경 도시농업 원년	친환경 도시농업위원회 구성 ㅣ 전담 팀과 전담 부서 신설 ㅣ 도시 텃밭의 확대(4개 권역/1,600구좌) ㅣ 친환경 도시농업 특구 선포식 ㅣ 도시농업 아카데미 과정 개설 ㅣ 자가 퇴비 만들기 교육 ㅣ 상자 텃밭 시범 공급 및 모니터링 '텃밭 원정대' 출범 ㅣ 로컬푸드 장터 개장 ㅣ 강일동 지렁이 사육 증식장 설치 ㅣ 제1회 친환경 도시농업 축제 개최
2012년 - 친환경 도시농업 특구	도시 텃밭 및 상자 텃밭 확대(6개 권역/2,375구좌) ㅣ 토종 농장 개장 ㅣ 텃밭 자치회 자원활동가 구성 ㅣ 생태 텃논 조성 및 프로그램 운영 ㅣ 도시 발생 유기물 자원화 사업 추진 ㅣ 제2회 친환경 도시농업 축제 개최
2013년 - 차별화된 선도적인 친환경 도시농업	전담 부서를 임시 조직에서 정규 조직으로 전환 ㅣ 도시 텃밭 및 상자 텃밭 확대(13개소/3,800구좌) ㅣ 강동 도시농업지원센터(싱싱드림) 건립 ㅣ 강동구 도시농업공원 조성 ㅣ 도시 양봉 실시 ㅣ 제3회 친환경 도시농업 축제 ㅣ 토종학교 개설

누구나 지을 수 있는
텃밭 농사를 위해

김성훈: 나 같은 사람도 강동구에서 텃밭을 할 수 있나요?

이해식: 하하하, 오신다면 영광이죠. 매년 3월 첫째 주 월요일에 텃밭 신청을 받습니다. 구청 홈페이지나 소식지에 공고를 해요. 그런데 65세 이상 어르신들은 아무래도 인터넷이 익숙하지 않으니까 전화로도 신청을 할 수 있도록 했습니다. 전체 모집 인원의 20% 정도는 65세 이상의 노인분들이 선정될 수 있도록 배정해 놓았어요.

김성훈: 아주 잘하셨습니다. 나 같은 사람들도 강동구에서는 텃밭에서 농사를 지을 수 있겠네요.

안철환: 지금 현재 강동구에서 활용하고 있는 텃밭은 어떻게 확보하나요?

이해식: 사유지는 2년 단위로 계약을 하고, 국공유지(상일동 텃밭)는 1년 단위로 사용 연장 계약을 하고 있어요. 모두 13개소에 텃밭이 있는데, 직영하는 곳이 4개소(강일 텃밭·가래여울 텃밭·양지 작은텃밭·텃논)이고 협력이 5곳(둔촌 텃밭1·둔촌 텃밭2·길동 텃밭·암사 텃밭·양지 텃밭)입니다. 텃밭 참가자가 선정되면 개장 1~2주 전 오리엔테이션을 열어 위치도 안내하고 이용하는 방법과 농사 교육도 병행하고 있어요.

안철환: 제가 농장 운영을 10년 넘게 해보니 끊임없이 교육을 하는 일이 중요하더라고요. 일반적인 주말농장은 농사 교육이 없어서 몇 년을 했어도 언제 무얼 심는지 모르는 일이 허다해요. 그래서 아무리 바빠도 꼭 농장 회원들을 중심으로 교육을 하고 있어요.

이해식: 저희도 교육이 중요하겠더라고요. 농사짓는 분들을 보면 농사 경험이 많으신 어르신들을 중심으로 자연스럽게 사람들이 모여서 농사를 배우게 돼요. 그래서 텃밭 자치회의 자원 활동가들을 중심으로 텃밭 멘토라는 걸 만들어서 농사짓는 기술을 지도하도록 했어요. 텃밭을 개장하면 기본적으로 농사에 필요한 씨앗이라든가 모종, 거름 등을 참가자들이 구입하기 쉽도록 판매하고, 각종 농기구나 화장실 같은 이용 편의 시설 등을 제공합니다. 대신 호미는 꼭 개인이 지참하도록 했어요.

김성훈: 호미 없이 농사짓는 건 군인이 총 없이 전쟁터에 나가는 일이나

똑같죠. 철물점 가면 중국산 호미는 5천 원도 안 하는데, 그 정도도 못하면 공으로 먹겠다는 거 아니에요.

이해식: 하하, 맞습니다. 도시농업과 관련된 각종 정보나 그때그때 해야 할 농사일에 대해서 문자메시지로 알려주는 일도 합니다. 요즘 휴대폰 없는 사람이 없으니까요. 그리고 다양한 농업 프로그램을 운영해요. 현장 농부학교, 어린이 체험교실, 텃밭 별로 절기와 관련된 프로그램을 운영하고요. 단오라든지 추석 같은 때 함께 모여서 놀고 하는 것이죠. 어린이들을 대상으로 논학교를 열기도 하고, 여름방학에는 생태학교를 엽니다. 올해는 안철환 소장님이 많이 도와주셨는데, 강동구에서 토종학교도 열 계획입니다.

앞에서 이야기했는데, 9월 말이 되면 텃밭자치회에서 텃밭별로 30% 범위에서 우수텃밭을 선정해요. 우수텃밭으로 선정되면 다음 해에도 똑같은 밭에서 농사를 지을 수 있는 권리를 부여하죠. 이 제도가 상당히 호응이 좋습니다. 더 열심히 농사를 짓게 하는 모티베이션이 되기도 해요.

토종농장과 토종학교

일본의 핵발전소 사고로 야기된 방사능 오염에 대한 우려와 얼마 전 미국의 GM(유전자 변형) 밀로 인한 식품의 안전성 논란으로 먹을거리에 대한 불안감이 높아지고 있다. 이에 따라 올해부터 강동구는 텃밭보급소와 함께 토종 종자의 보전과 함께 안전한 먹거리도 확보할 수 있도록 나섰다. 토종이란 한국의 기후와 풍토에서 농민들이 오랫동안 재배, 선발 등을 통해 잘 적응해온 동물·식물·미생물을 가리킨다. 그러나 그동안 토종 종자는 여러 우수한 특성에도 불구하고 수확량이 적다는 이유로 선택을 받지 못하면서 점점 사라지게 되었다. 그래서 도시농업에서는 그중에서도 마늘·겉보리·밀·시금치·조·수수·콩·오이·아욱·배추·무 등과 같은 재배작물에 초점을 맞추어, 강일동에 약 1,500제곱미터의 '강일동 텃밭'을 마련해 이곳에서 토종 종자를 보전하는 일과 함께 '토종학교'를 개설해 도시민들에게 토종종자를 널리 보급하는 일을 하고자 한다. 강일동 토종농장에서 강동구와 텃밭보급소가 함께 직접 토종 작물을 재배하면서 씨앗을 증식하고, 수강생들에게 경작 방법을 알려주는 한편 토종 종자도 보급하는 소중한 일을 시작한 것이다.

3부

꽃을 피우다

낙엽과 음식물쓰레기,
자원을 순환시키다

이해식: 강동구는 자원순환형 도시농업이라는 원칙을 세우면서 매년 가로수에서 떨어지는 낙엽을 활용해서 퇴비를 만드는 1,500제곱미터의 낙엽퇴비장을 2010년 9월에 만들었어요. 낙엽을 버리거나 소각시키는 것이 아니라 자원으로 순환시켜 예산도 절감하는 효과를 얻고 있죠. 구청 입장에서 보면 예산을 절감한다는 게 굉장히 소중하거든요. 보통 낙엽을 처리하려면 비용이 1톤당 15만 원 정도 드는데, 강동구에서 발생하는 낙엽의 양이 1년에 1,800톤 정도 돼요. 2011년 가을과 2012년 가을 2년 동안 강동구에서 발생한 낙엽 중 1,600톤을 수거해서 퇴비로 만들면서 5억 4천만 원 정도의 예산을 절감할 수 있었어요. 이건 완전히 꿩 먹고 알 먹는 것뿐 아니라 강동구의 원칙에도 잘 들어맞는 일이죠. 소각비만 2억

낙엽을 퇴비로 만들기 위해 수거하는 모습. 이 낙엽을 이용해 만든 퇴비를 도시농업에 활용한다.

6천만 원쯤 절약하고, 낙엽을 퇴비로 활용하면서 퇴비 구입비가 2억 8천만 원 정도 아낄 수 있었어요. 나머지 발생량 중에서도 일부는 주변 지자체의 농민들이 요구해서 갖다 주었어요. 여기에 제한적이긴 하지만 낙엽을 활용해서 지렁이 분변토도 만들고 있습니다. '흙사랑 지렁이'라고 지렁이의 분변토를 생산해서 판매하는 마을기업을 육성하고 있어요.

김성훈: 밴쿠버 모형이 있어요. 밴쿠버는 길마다 나무가 있다 보니까 가을에는 낙엽이 많이 떨어져요. 그 낙엽만 청소하는 기계가 있어요. 낙엽을 쓸고 다니면서 싹 흡수해요. 그걸 아마 변두리 쪽에 있는 공터에 다 모아 놓는 모양이에요. 그걸 강동구만이 아니라 서울시에서도 해야 해요.

안철환: 제가 서울시 푸른도시국장님을 만나 적극 제안한 바 있었습니다. 기본적으로 낙엽퇴비장에 동의하고 계신 데다 유럽의 빈이라는 도시

에 가서 직접 그 현장을 보았다고 하시면서 많은 관심을 보이셨지요. 방법과 공간을 알아보시고 올해는 꼭 해보겠다고 하시더니 다른 부서로 옮기시는 바람에 중단되고 말았습니다. 참으로 안타까운 일이지요. 퇴비로 활용하려고 한 것은 아니고 예산을 아끼려는 차원에서 난지도 공원에 낙엽을 야적해 놓은 게 있어 아는 분들이 찾아가보았더니 쓰레기까지 함께 섞여서 퇴비로 활용할 수는 없다고 한 적이 있긴 합니다.

김성훈: 낙엽을 모아 놓고 퇴비 만드는 회사 두세 개를 강동구에 유치해 보세요. 우리가 이곳에다 낙엽과 음식물쓰레기 이런 걸 모아줄 테니, 이걸로 너희가 퇴비를 만들라고 하는 거죠. 가까운 곳에 퇴비 공장을 만들면 수거비가 아주 적게 들죠. 그렇게 퇴비를 만들어서 다시 저렴한 가격으로 강동구에 공급해 달라고 맡기는 거예요. 불법특혜 논란 등이 없도록 절차만 공정하게 지키면 되죠. 구청에서 왜 직접 할 수 없느냐면 이건 부숙시키고 일정 온도를 유지하는 전문성이 필요하거든요. 직접 만든 퇴비가 질이 안 좋을 수도 있고, 지나치게 똥이 많이 들어가면 문제가 되니까 그 부분을 전문업체에 맡기는 거죠. 되도록 농민 출신으로 맡기는 겁니다.

이해식: 강동구에서 사회적 기업을 육성하는 프로그램도 운영하는데, 농민들에게 협동조합 같은 형태를 만들게 해서 기회를 주면 일자리 창출도 되고, 사회적 기업도 만들 수 있고 좋겠네요.

김성훈: 예, 그렇게 하면 강동구를 깨끗하게 만들어주기도 하고, 쓰레기

없는 강동구를 만들 수 있습니다. 그걸 가지고 또 기술적으로 퇴비를 만들어서 싸게 공급하면 도시농업을 하는 사람들이 이용할 수 있어 좋죠. 이런 걸 구상해보시면 좋겠어요.

안철환: 선생님, 지금 강동구에 서울에서 유일하게 낙엽퇴비장이 있어요.

김성훈: 그러니까 낙엽퇴비장을 설치해서 시에서 나오는 낙엽을 한곳에 모아주고, 그리고 가축분뇨를 처분하지 못하는 사람들의 것을 한곳에 모아주는 거죠. 그러면 이 기업들이 와서 근처에다 퇴비 공장을 만들고, 거기에서 퇴비를 만들어 저렴하게 슈퍼마켓에서 팔죠. 그런데 우린 그렇게 맡아서 할 수는 없고, 강동구청이 농민들을 모아서 사회적 기업으로 하도록 유도하는 겁니다. 강동구에 공급하고 남는 것은 다른 데 팔아도 좋다. 대신 우리한테 보고는 하라고 하는 거죠.

이해식: 그런데 도시에서는 어려운 점이 악취 등과 관련된 민원과 제도입니다. 말씀처럼 양질의 퇴비를 만들려면 분뇨 같은 질소질이 들어가야 하는데 주민들이 민원을 넣을 소지가 있더라고요.

안철환: 제가 잊고 있었는데, 농업인들이 만든 이런 폐기물 재활용 전문 업체가 강동구에 있어요.

김성훈: 잘됐네요. 농업인들이 사회적 기업을 만들면 강동구에서 지원해주고 일자리를 만들면 되죠.

이해식: 지금 낙엽퇴비장에 근무하는 분들이 기간제인데, 이게 수익만 발생한다고 하면 그분들이 기술을 터득한 뒤 협동조합을 만들어서 운영하면 되는 거죠. 사회적 기업을 만들어서 활용할 수 있는 비즈니스 모델이 될 수 있는지 검토할 필요가 있을 것 같아요. 우리가 텃밭자치회를 협동조합으로 만들어서 사업 형태를 보장하려고 하는데, 낙엽 퇴비가 경제성이 있다면 그 부분만 분리·독립시켜서 협동조합을 만들 수도 있고, 그러기 어려우면 어느 정도 수익을 보장할 수 있는 일로 만들어 자생력을 강화하는 것이죠. 이게 중요해요. 일자리 창출과 비즈니스 모델을 만드는 게 쉽지가 않습니다. 이걸 어느 정도 감당할 수 있게 도와주면 한 단계 진전할 수 있는 것이죠. 그리고 낙엽으로 퇴비를 만드는 일만이 아니라, 낙엽을 펠릿으로 만들어서 음식물쓰레기를 퇴비화하는 데 활용하거나 상자 텃밭의 상토 재료로 활용할 수 있는 방안은 없는지도 알아보고 있습니다.

김성훈: 그렇게 협동조합을 만들도록 하거나 사회적 기업을 만들어서 활동하도록 하면 특혜니 뭐니 하는 시비가 발생하지 않죠. 그런데 시의 낙엽 같은 건 누가 처리합니까?

이해식: 그건 모두 자치구에서 처리합니다.

김성훈: 그건 시에서 해야 하는데, 시에서 최소한 예산지원을 받아야 합니다.

안철환: 서울시에서 낙엽 처리비용에 대한 예산지원을 받을 수 없나요?

이해식: 지금 가로 청소를 청소과의 환경미화원들이 하고, 10월 중순부터 2개월 정도 공공근로로 여섯 명이 낙엽에서 쓰레기를 분리하는 일을 하거든요. 가로 청소에서 제일 힘든 게 낙엽 치우는 일입니다. 그래서 낙엽의 거리라고 해서 운치도 있게 어느 정도 기간은 놔두었다가 일제히 청소를 합니다. 그러면 강동구에서는 활엽수만 모아서 퇴비장에 가지고 가죠. 침엽수는 부식이 잘되지 않아 퇴비로 만들기 어렵다고 해요. 은행잎은 푸를 때는 살충 효과가 있다고 하는데 여름에 털 수는 없죠.

안철환: 하하하, 저는 낙엽수가 겨울에는 햇볕이 투과되어 따뜻하고, 여름에는 그늘이 우거져서 시원해서 좋다고 봐요. 다들 소나무 같은 걸 좋아하는데, 꼭 상록수만 좋은 게 아니에요.

이해식: 덧붙여서 지금 서울시의 가장 큰 현안 중 하나가 음식물쓰레기 문제입니다. 김포매립지와 2016년까지 계약이 되어 있어서 이걸 연장하려고 하는데, 인천시에서 거절해 문제가 발생했단 말이죠. 사실 제3, 제4 매립지에 약 2045년까지는 매립할 수 있어요. 그런데 인천시 입장에서는 자신들 쓰레기도 아니니까 계약을 더 연장하지 않으려고 하죠. 지방선거 이후에는 좀 괜찮아지지 않을까 하지만, 그것도 확실히 알 수 없죠. 또 음식물쓰레기와 관련해서 종량제를 시행하는데, 음식물쓰레기를 줄이는 것이 이 제도의 1차적 목표입니다. 음식물쓰레기는 처리하는 것이 굉장히 힘들어요. 강동구에도 처리장이 있는데 악취가 많이 나서 민원도 많아요. 도

시농업을 활성화하면서 이 쓰레기 중 일부를 퇴비로 만들 수 있으면 좋겠습니다. 대규모 시설을 만드는 건 좀 힘들더라도, 조그맣게 여러 군데에 이런 시설을 만들어서 텃밭에 활용할 수 있으면 상당 부분 음식물쓰레기 절감효과가 있을 것 같아요. 가급적 그렇게 자원순환형 방식을 이용해서 도시농업을 확립하려고 하는 게 강동구 도시농업의 목표예요.

김성훈: 그런데 우리 음식이 외국과 차이가 있어요. 한국 음식은 너무 싸고 매워서 가축사료 말고 비료로 쓸 수밖에 없어요. 또 이쑤시개 등이 들어가 있어서 사료로 쓰기 힘들어요. 가축들 창자에 구멍이 나니까요. 그래서 제가 장관으로 있을 때 모든 식당의 이쑤시개를 녹말로 대체하는 걸 시행했어요. 그때가 IMF라서 사료를 사 오기가 비싸고 어려운 때라 당장은 남은 음식물을 사료로 써야 했는데, 대나무로 만든 이쑤시개가 가축의 배를 찔러서 못 쓰게 했죠. 요즘은 거의 안 쓸 거예요. 그러다가 다시 사료 가격이 떨어져서 음식물 사료가 필요 없어졌어요. 그래서 비료화하자는 안이 나왔죠. 그런데 퇴비를 만들려고 하니까 소금기가 있어서 부숙시키기가 힘들고, 냄새가 나요. 밴쿠버 브리티시 컬럼비아 대학의 한 전문가가 소 똥, 돼지 똥 등에 냄새를 없애는 기술을 가지고 있다고 해서 불렀죠. 그 기술 덕에 지금 가축분뇨처리장 등에서 냄새가 안 날 거예요.

안철환: 그 기술은 어떻게 하는 거죠?

김성훈: 화학 처리를 한대요. 중립적인 화학 처리.

안철환: 미생물이 죽지 않도록 하나요?

김성훈: 아무튼 냄새가 안 나게 하는 기술이 있어요. 환경부의 김명자 장관한테 부탁해서 농림부 예산을 써서 환경부 이름으로 불러왔죠. 이 기술이 보편화되어서 냄새는 해결할 수 있어요. 그러면 이제 그것을 발효시키는 것이 문제인데, 발효 과정에서 냄새가 나는 것만 해결되면 시비는 안 겁니다. 거기에 가축분뇨도 같이 혼합하거나, 사실 인분도 가능해요.

안철환: 저는 개인적으로 음식물 거름을 만들어 두세 달 정도 만에 써요. 거의 흙냄새만 납니다.

김성훈: 그리고 음식점에다 조건을 붙이세요. 절대 남은 음식물에 비닐 등이 섞이지 않게 교육해야죠. 그리고 소금기를 빼는 것도 중요하고요.

이해식: 그건 지금 전 국민적으로 나트륨을 줄이는 운동이 번지고 있으니까 좋아질 것 같아요. 안 그래도 지금 신암중학교에서 퇴비통 열 개를 가지고 잔반 등을 퇴비화하는 시범사업을 하고 있어요. 학교의 급식소에서 나오는 잔반에 톱밥을 70% 정도 섞어서 퇴비로 만들었는데, 이건 텃밭보급소에 의뢰해서 진행했죠.

안철환: 텃밭보급소에서는 낙엽을 파쇄해서 음식물과 섞거나 톱밥을 넣어서 발효시키거든요. 음식물 염도를 재면 3~4%가 나와요. 염도가 2% 이하만 되어도 거름으로 써도 되는데, 낙엽이나 톱밥과 섞으면 염도가

0.5%로 희석됩니다. 그리고 발효 과정에서 또 떨어집니다. 농업기술원에서 성분 분석을 했는데 아무 문제가 없다고 하더라고요. 발효되면서 나트륨이 분리되어 염도가 떨어지는 것이라 합니다.

이해식: 지금 강동구에서는 텃밭보급소와 함께 음식물 퇴비통 사업을 실험적으로 진행하고 있습니다. 올해는 초등학교에 10개소까지 늘리려고 추진하고 있어요. 그런데 어려운 점이 일선 학교에 이 일을 전담할 인력이 없다는 겁니다. 그래서 지역 공동체의 인력을 투입하려고 생각하고 있어요. 음식물쓰레기 퇴비화와 관련하여 은평구에 성공 사례가 많다고 하니까 그 부분도 참고하면 좋을 것 같아요. 아파트 경비원들이 그 일을 철저히 담당하면서 퇴비를 만들어 화단 관리하는 데에도 쓰고, 필요한 사람들에게 나누어주기도 한다더라고요. 사실 닭이나 돼지, 거위 같은 가축을 키우면 쉽게 해결이 될 수 있을 텐데 그게 현실적으로 어렵죠.

안철환: 음식물 퇴비화 사업은 아직 실험적이죠. 퇴비화는 성공했는데, 이걸 대규모로 보급하기에는 어려움이 많습니다. 일단 법적으로 불가능합니다. 음식물 잔반이 폐기물로 분류되어 있어 전량 폐기물 업체에 넘기지 않으면 안 되게 되어 있습니다. 물론 음식물은 자가처리 가능한 폐기물이어서 20%까지는 재활용이 가능하지만 퇴비화한 것을 외부로 유출해서는 안 되는 것으로 되어 있습니다. 그러니까 학교 급식 잔반을 퇴비화한다면 학교 텃밭에서만 쓸 수 있는 것이죠. 그런데 잔반의 20%를 퇴비화한다면 꽤 많은 양입니다. 이를 외부에 유출하지 않고 내부의 텃밭에서 다 사용한다는 것도 불가능합니다. 만약 외부로 유출 가능하게 하

려면 퇴비 업체를 등록해서 퇴비로 상품화하는 길이 제일 빠를 텐데요, 이도 현재로선 불가능합니다. 퇴비 업체를 등록하려면 갖추어야 할 시설이 꽤 까다롭고요, 그 또한 에너지를 쓰는 동력 시설 중심이어서 우리처럼 무동력 자연순환식은 해당되질 않을 겁니다. 설사 된다 해도 현재 수도권에선 퇴비 업체를 허가해주지 않는 것으로 알고 있습니다. 혐오산업이라 주거 밀집 지역에선 허가해주지 않는다는 것이겠죠.

김성훈: 항상 비판적으로 실험하세요. 문제점을 찾아내는 것을 중심으로.

낙엽퇴비의 효과

낙엽퇴비의 부엽토 효과

토양의 보비력과 보습력을 높여주고 물리적 성질을 개선하며, 다양한 토양 생물의 먹이와 서식처를 제공하여 농사가 잘되도록 도와준다.

낙엽퇴비장의 경제적 효과(2012년 기준)

낙엽 처리비용	낙엽 수거량	비용 절감액		
		소각 처리비	퇴비 구입 대체	합계
1톤당 15만원	1,600톤	2억 5,600만 원	2억 8,000만 원	5억 3,600만 원

유기농산물, 30%만 먹어도 된다

김성훈: 제가 유기농업 운동을 정농회와 함께했으니까 한 37년쯤 됐죠. 이 운동을 하면서 식사할 때에는 반드시 30% 이상은 유기농으로 먹어요. 제가 그래서 건강한지 몰라도, 아무튼 캐나다의 한 식품영양학자가 전체 식사량의 30%만 유기농 식품을 먹어도 뱃속에 들어가면 나머지 70%를 다 중화시킨다고 해요. 그러니까 쌀하고 채소, 과일만 30%를 먹으면 되지, 굳이 유기농으로 100%를 먹으려고 하지 않아도 된다고 해요.

이해식: 그거 아주 좋은 이야기네요. 처음 알았습니다. 저는 이게 농업과 관련된 아주 중요한 연구과제가 될 수 있다고 생각합니다. 유기농을 먹었을 때 얼마만큼 먹는 게 다른 것과 섞어 먹었을 때 효과를 발휘할 수 있는지 그 범위를 과학적으로 검증할 수 있을 것 같아요.

김성훈: 그래서 저는 돈이 없는 분들은 100% 유기농을 먹으려고 굳이 애쓰지 말라고 강의하고 다녀요. 비슷한 주장을 하는 일본인 학자도 있어요. 유기농산물이 몸에 들어가면 관행농산물도 완화시킨다고요. 제가 정부에 있을 때 이분이 한국에도 왔어요. 제가 그분이 쓴 『환경농업도 비즈니스다』[8]라는 책 번역을 했거든요. 그래서 그분한테 물어봤더니, 식품영양학적으로 그렇대요. 그만큼 유기농이라는 게 홀(whole)푸드라는 거죠.

안철환: 선생님은 이걸 어떻게 해석하셨죠?

김성훈: 나는 '온전한' 식품으로 번역했어요. 완전하다는 건 퍼펙트(perfect)니까, 그냥 온전한 식품이라고 번역했거든요. 캐나다나 미국에는 유기농 슈퍼마켓이 많은데, 홀푸드 마켓이라 부르는 곳이 있어요. 우리가 영양가가 높아서 유기농산물을 먹는 게 아니거든요. 영양가라는 개념은 서구에서 개발한 칼로리 개념인데, 영어로는 단백질, 지방질, 탄수화물로 영양을 표시하잖아요. 이것들을 많이 먹으면, 즉 영양가만 많이 먹으면 괜찮은 것이냐, 아니다 그거죠. 거기에 소위 면역력, 복원력, 치유력, 항산화 기능, 항암 기능 같은 것들이 총체적으로 더 중요한 기능입니다. 이걸 한마디로 면역력이라고도 표현하는데, 이걸 갖춘 것이 홀푸드예요. 다른 음식과 섞이면 면역력 등의 기능이 약화되긴 하지만 다른 식물이 가지고 있는 독성을 중화시켜주죠. 그래서 최소한 30% 이상만 유기농으로 먹어도 이 유기농의 힘이 다른 걸 잠재울 수 있다는 뜻이에요.

---

8 국내 제목은 『농업이야말로 21세기의 환경비즈니스다』, 도쿠에 미치아키, 비봉출판사, 2000

안철환: 제가 농진청 공무원 같은 사람들과 논쟁을 하기도 하는데요. 그분들이 "안 선생 말대로 하면 우리나라 농업 전체를 유기농으로 할 수 있다는 것이냐?" 하면, "아닙니다. 저는 30%가 목표입니다" 그러는데, 일맥상통하네요.

이해식: 장관님, 우리가 지금 유기농이란 말 대신 친환경이라고 하는 건 유기농이 잘 안 되어서 그런가요?

김성훈: 내가 '친환경'이란 말을 만들어낸 사람이에요. 왜냐하면 농약을 쓸 수밖에 없는 경우, 화학 비료를 쓸 수밖에 없는 사람을 끌고 가려니까 그랬어요. 그래서 저농약, 무농약, 전환기, 유기재배 네 단계를 만들었죠.

이해식: 농약은 안 쓰는데 비료는 어느 정도는 쓰는 것이……

김성훈: 그게 무농약 단계거든요. 원래 5년 단위로 없애기로 했는데, 지금 10년 걸려서 저농약은 없앴어요.

안철환: 결국은 유기농만 남기려고 하는 거죠?

김성훈: 당연히 그렇죠. 이 지구상에서 어디 유기농에 무농약이나 저농약이 끼어들어요. 그런데 나는 뭐냐면…… 소농이 중심인 나라에서는 뭐 먹고 살아요? 처음부터 유기농을 하면 수확량이 반으로 떨어지는데 아무도 안 하려 하거든요. 그러니까 단계적으로 하라고 한 거죠. 그것 때문

에 유기농이 어떻게 비료, 농약을 쓰냐면서 나를 비판하는 사람들이 많았는데, 농민들이 먹고 살면서 저농약을 하다가 다음 무농약으로 넘어가면 지원을 더 많이 해주면서 폐지해 나가려고 했죠. 이제야 결국 장관이 바뀌면서 10년 단위로 폐지가 되었죠. 아무튼 대세는 이제 유기농과 무농약입니다.

학교 급식과 도시농업은 좋은 친구

이해식: 제가 2008년도 보궐선거로 구청장이 되었습니다.

안철환: 맞아요, 그때 광우병 논란과 촛불 시위가 있었지요.

이해식: 예, 그런 일들이 있었지요. 그때 당시 공약을 준비하면서, 가장 중요한 1호 공약이 친환경 급식이었어요. 아직 친환경 무상급식 이야기가 나오던 때가 아니었어요. 그때는 보궐선거에 나오기도 했고, 김상곤 교육감이 당선되기 전이기도 하고 혼자서 친환경 무상급식을 실시할 수도 없었어요. 2008년 보궐선거 때 친환경 급식을 제일 중요한 공약으로 내걸어서 당선된 뒤, 바로 공약 실천에 들어갔어요. 그런데 예산이 부족하고, 2008년 6월에 당선되어 구청에 들어갔으니까 이미 정해진 예산이 있어

서 친환경 급식에 대한 준비만 했죠. 그렇게 쭉 준비하면서 2009년에 관련 조례를 만들었습니다. 2009년부터 예산을 반영해서 집행하는데, 실질적으로 학교에서 이루어져야 하는 일이지만 교장 선생님들이 한 번도 해본 적이 없어서 학교와의 협의가 원활한 편은 아니었어요. 특히 친환경 식자재를 공급해야 하는데, "구청은 공공기관입니다. 친환경 식자재를 납품하는 믿을 만한 회사를 소개해 드릴 테니 이 회사와 같이 하십시오" 했지요. 그런데 같이 안 하는 거예요.

안철환: 아니, 왜 안 하죠? 돈이 많이 드나? 선생님은 해보셨으니까 아시나요?

김성훈: 자세한 건 얘기하기 어려워도, 그것이 고질적인 우리 사회의 문제예요.

이해식: 그런 문제가 있어요. 저희도 처음 시작하면서 이걸 성사시켜야겠는데 무슨 방법이 없을까 고민하다가, 우선은 당시 강동구에 초등학교가 스물네 개였는데 몇몇 시범학교를 정해서 시작해보자 했죠. 그래서 권역 별로 다섯 개 초등학교를 정하고, 학교와 협의하면서 친환경 식자재 공급 회사를 복수로 소개시켜줬어요. 예를 들어 채소류를 공급하는 회사도 복수로 제시하고, 무항생제 돼지고기 같은 육류 제공업체도 복수로 제시하면서 그중에서 선택하도록 했어요. 학교에서 알아서 한다는 건 구 입장에서 받아들일 수 없죠. 우리는 친환경 급식이란 목표를 달성해야 하기 때문에 우리가 소개한 업체 중에서 선택하라고 하니, 학교에서 오

케이한 거예요. 그래서 시작하게 됐죠.

안철환: 선택의 여지가 있어서 그런가요?

이해식: 선택지가 있으면 서로 경쟁이 있고, 말하자면 선정되기 위해서 학교에 인센티브를 제공할 수도 있고 그런 것 때문에 그러지 않을까 싶어요.

김성훈: 그것이 입찰 비슷하게 되거든요. 너무 선택권이 없으면 좀 그렇죠.

이해식: 그런 문제들이 있었는데, 선택의 여지를 주면서 학교에서도 긍정적으로 평가했죠. 일반적인 급식과 친환경 급식의 차액을 끼니당 340원 ×학생 수×수업일수로 계산해 예산을 마련하여 2009년에 시행한 거예요. 그런데 반응이 이건 뭐, 굉장히 좋았어요. 당시 수도권 일원에 친환경 급식을 하는 곳이 더러 있긴 했는데, 사실 쌀까지 친환경 급식을 하지는 않았어요. 그런데 쌀이 핵심이에요. 쌀을 집단 취사기에 찌니까, 예를 들어 1년 묵은 정부미나 이런 걸 학교 급식에 쓰는데 너무 맛이 없는 거죠. 그런데 우리는 햅쌀을 가져와서 도정을 해 일주일 안에 갖다 주니까 밥이 굉장히 맛있는 거예요. 반찬도 맛있고. 반응이 폭발적이었죠.

김성훈: 청장님, 앞에서도 이야기했듯이 전부 유기농으로 먹지 않아도 괜찮아요. 학교 급식에서는 최소한 쌀과 채소만 유기농으로 해도 괜찮지요.

이해식: 강동구는 전부 다 하는 걸 목표로 삼았어요. 그래서 쌀, 채소, 육

류까지 100% 하는 걸로 정했죠.

안철환: 그런데도 340원밖에 차이가 안 나요?

이해식: 그때는 그게 가능했어요. 지금은 아마 410원인가로 올랐어요. 2009년에 그렇게 하고 나니까, 2010년에도 또 해야 하잖아요. 2009년에는 다섯 개 학교에서 했는데, 2010년에는 열여섯 개 학교에서 실시했어요. 그다음 해인 2011년에는 2010년 선거 때 친환경 무상급식 공약이 나오면서 어느 지자체에서나 모두 다 하게 되었죠. 그런데 친환경 무상급식을 실시하면서 강동구처럼 친환경 식자재에 대한 급식비를 따로 계산해서 주는 지자체는 없어요. 그래서 급식의 질은 강동구가 가장 낫다고 자부하죠. 실제로 영양사들의 이야기를 들어보면 강동구의 친환경 급식을 높게 평가합니다. 그런데 문제가 예산이 너무 악화되다 보니까 예산팀 같은 곳에서는 다른 구와 똑같이 급식비를 따로 잡지 말자고 하는데, 저는 강동구의 역사성을 갖고 있기 때문에 계속해서 이런 시스템을 유지해 나가야 하지 않는가 생각하죠.

김성훈: 그때 서울시에 곽노현 교육감이 당선되면서 나하고 윤병선 교수와 함께 상의도 했죠.

이해식: 사실 이게 딜레마예요. 급식법을 개정해서 중앙정부에서 여기에 대해 대폭 지원해야 하거든요. 그런데 이게 지방선거의 쟁점이 되다 보니까 지금 시끄러운 무상보육과 마찬가지로 이 일도 중앙정부에서 손 놓고

있는 거예요. 이 부담을 다 지방정부가 떠안을 수밖에 없는 구조이죠. 그러다 보니까 교육청은 교육청대로, 또 서울시나 자치구도 상당히 과도한 예산 부담을 하고 있는 거죠. 일각에서는 여러 문제를 제기하며 공격하죠. 하나는 시설 지원이 제대로 안 된다. 또 하나는 급식의 질이 떨어진다. 그런데 이게 예산 사정이 악화된 상태가 계속되면 이런 공격이 먹힐 수밖에 없어요. 복지라는 관점에서 누구에게나 똑같이 적용되는 보편복지를 하려면 결국은 중앙정부에서 예산의 상당 부분을 보조하는 게 맞거든요. 그런데 이 쟁점이 야당에 의해서 지방선거를 계기로 생겼다고 해서 아무 지원을 하지 않는 거예요. 그러니 이게 재정적인 압박으로 오는 거죠.

안철환: 그래서 얼마 전 경기도에서는 무상급식 포기 선언을 했죠.

이해식: 제가 볼 때 이건 다분히 정치적 의도가 있다고 봐요. 야당이 제기한 보편복지라는 쟁점이 과도한 복지라는 걸 은연중에 나타내려는 의도라고 보거든요. 국가 사업으로 봤을 때 우선순위를 제대로만 책정하면 무상급식은 얼마든지 할 수 있는 일이에요. 무상보육 같은 경우에도 다 약속한 일이란 말이에요. 박근혜 대통령이 후보 시절에 국가에서 해야 하는 일이라고 약속한 일이죠. 그런데 무상보육이 갑자기 작년에 됐잖아요. 그럼 올해 중앙정부에서 지원했어야 하는데 안 했죠. 보건복지위원회에서 통과가 됐는데 법사위에서 틀어잡고 새누리당 의원들이 막아서 국회에서 통과되지 않았죠. 본회의조차 올라가지 않았거든요. 지금 박원순 시장이 빚을 내는 사태까지 왔는데, 이에 대해 새누리당 쪽에서는 어떻

게 이야기하느냐, 제가 볼 때는 물타기예요. "무상복지를 하려니 너무 부담이 많이 된다. 시대적으로 이걸 해야 되느냐" 하면서 쟁점을 흐려버리죠. 이건 사실 약속을 한 거죠. 무상보육이란 건 무엇보다도 앞서서 하겠다고 약속한 것인데 그걸 지키지 않는 거예요. 이게 급식 문제로 와도 여전히 그렇죠. 이런 문제가 정치적 쟁점화가 되어 있는데, 예산 압박이 된 상태에서 지방정부가 시행하기 쉽겠습니까? 어려울 수밖에요.

그런데 약속을 지킨다는 차원에서 재원이 없느냐? 이번에 무상보육과 관련하여 서울시에서 빚을 낸 게 3,708억인데, 중앙정부 차원에서는 그다지 큰 예산이 아니거든요. SOC 투자나 이런 거에 비해서는 큰 예산이 아니죠. 그리고 이 일은 이미 약속한 것이란 말이죠. 그런데 이걸 지키지 않는다는 게 문제예요. 결국 급식 문제로 돌아오면, 친환경 무상급식도 보편복지의 일환이기에 중앙정부에서 일정 정도 책임을 져줘야 하는 상황이고요. 그런데 그렇지 않은 상황이니까 세수는 줄어들고 예산도 줄어드니까 재정 압박 때문에 딜레마 상황에 빠져 있다는 것이죠.

안철환: 공약(公約)이 공약(空約)이라는 농담도 있잖아요.

이해식: 급식과 관련된 재미난 에피소드를 하나 말씀드리면 2009년에 다섯 개 학교에서 시행하고 2010년에 또 해야 하잖아요. 그럼 2010년 예산을 여름부터 논의해서 가을에 편성하고, 연말에 의회에서 심의를 합니다. 학부모들도 그런 메커니즘을 아니까, 2009년도 가을에 천일초등학교 학부모회에서 연명을 받아서 저를 찾아와 내년에는 자신들의 학교도 꼭 친환경 급식을 하게 해달라고 했어요. 2009년에 바로 옆에 있는 천호

초등학교에서 친환경 급식을 했거든요. 전교생을 다 받아야 한다고 하면 그럴 수도 있으니 꼭 하게 해달라고요. 그래서 당시 방침을 정하길, 사실은 다섯 개 학교에서 성공적이라 평가하여 대폭 늘려 열다섯 개 학교에서 시행하기로 했는데 결국 열여섯 개 학교에서 하게 되었죠. 저는 천일초등학교에서 보여준 뜨거운 반응을 보며 이 사업이 성공적이라고 확신하게 되었습니다.

김성훈: 도시농업 이야기를 하다가 딴 얘기로 샜네요.

이해식: 하하하, 도입을 길게 한 것인데요. 도시농업을 함께하자는 차원에서 친환경 급식이 중요하다고 생각했어요. 친환경 급식이라는 건 결국은 쌀이나 채소를 친환경적인 방식으로 재배하는 걸 의미하고, 대규모 환금농업과는 구분이 되는 농업이잖아요. 그런 맥락에서 이에 대해서 도시민들이 어떤 이해랄까 그런 것이 있어야 하는데, 그것을 가능하게 해주는 것이 바로 도시농업이라고 생각했습니다.

안철환: 아아, 도시농업을 통해서 친환경농업을 인식시키자는 말씀이지요? 사실 지금의 소비자는 많이 왜곡되어 있습니다. 무조건 크고, 예쁘고, 달고, 고소해야 한다는 고정관념이 꽉 박혀 있습니다. 그런데 자신이 직접 농사지어보면 절대 클 수 없고, 벌레 먹으니 예쁠 수 없고, 비료 같은 걸 많이 주지 못하니 달고 고소할 수 없다는 걸 체험할 수밖에 없죠. 오히려 작고, 벌레 먹고, 쓰고, 시더라도 그게 더 깊은 맛이 있고, 내 입맛에 맞다는 것을 알 수 있습니다. 뿐만 아니라 시장 물건처럼 크게 만들려

면 농민들이 얼마나 수고해야 하는지 절실하게 깨달을 수 있죠.

이해식: 네, 그렇죠. 도시민들이 농업을 알려면 방법은 도시농업밖에 없는 것이죠.

김성훈: 맞습니다. 제가 종종 도시농부라고 말하는데, 전국에 친환경 농민들을 제가 많이 알잖아요. "장관님, 그럼 우리는 누구한테 팔고 무얼 먹고 살란 말입니까?" 하는 질문을 받아요. 그러면 제가 그 말씀은 다시 생각해보고 하시라고 합니다. 내 경험에 따르면 우리 아파트에 열아홉 세대가 사는데 100개의 화분에서 농사지어서 먹으면 맛만 보고 끝나는 단계예요. 그런데 아파트 주민 분들이 먹어보니까 유기농의 맛을 알게 되거든요. 상추에서 어릴 때 먹어보던 맛이 나고, 이제까지 시장에서 사다 먹었던 것이 가짜 같으니까 그다음부터는 동네에 있는 생협 매장이나 유기농 가게에 가서 사게 되고, 이렇게 도시농업이 바로 당신들 고객을 만드는 맛보기 농업이라고 하죠.

이해식: 맞습니다. 바로 그거죠!

김성훈: 이 사람들이 딴 데 가서 농약 뿌린 건 우선 맛이 없어서 못 먹어요. 두 번째는 불안해서 못 먹고.

이해식: 2013년에 강동구의 도시농업 참가자들을 대상으로 설문조사를 했는데, 텃밭을 이용하면 좋은 점이 안심할 수 있는 먹을거리를 구할 수

있다는 대답이 가장 많았고, 다음이 자연친화적이라는 답이었어요. 그 두 답이 56%를 차지했죠. 강동구의 도시농업에서 추구하는 농약과 화학비료, 비닐이 없는 농사에 대해 응답자 대부분이 만족하고 있더군요.

강동구의 친환경 무상급식

2009년 서울시 최초로 친환경 학교 급식을 시작한 이후 지속적으로 확대하여, 2011년 강동구의 모든 초등학교에서 친환경 무상급식을 실시하게 되었다. 2013년 현재 중학교 2학년까지 친환경 무상급식을 확대 실시하고 있다. 우선적인 목표는 강동구에서 생산되는 친환경농산물을 급식의 재료로 공급함으로써 지역 먹을거리(로컬푸드) 체계를 구축하는 것이다.

친환경 급식 재료의 검수 및 관리 체계

식재료 공급		식재료 검수		인증 품목 확인		잔류 농약 검사
공급업체	→	영양교사+학부모(합동점수 주~3회)	→	농수산물품질관리원	→	전문기관 의뢰 (강동구, 교육지원청)

지역의 농민들도 함께하다

안철환: 선생님, 강동구가 재밌는 게 아직도 농민들이 존재해요. 300농가 남짓 존재하죠.

김성훈: 원래 제대로 하던 농민입니까, 아니면 신참 농민입니까?

이해식: 원래 강동구에 살던 사람들입니다. 그런데 대체로 임대농이죠.

김성훈: 그렇죠, 도시 근교 농지의 90%는 임대농이죠.

안철환: 지금 강동구에서 이런 분들과의 관계를 어떻게 풀고 있는지 모르겠는데, 농업인들 마음 한편에서는 도시농업을 싫어하는 마음이 있어

요. 자신들의 몫을 갉아먹는다고 오해하거든요.

이해식: 강동구는 그렇게 심한 저항이 있지는 않습니다. 제가 처음 구청장이 되고 보니 강동구의 305농가 중 네 농가만 친환경농업을 실천하고 있었어요. 그때부터 계속 농가들을 설득해서 지금은 모두 45농가가 친환경농업으로 전환했어요. 원래 처음에는 62농가까지 친환경농업으로 전환했는데, 보금자리사업으로 친환경 농자재를 구매하도록 지원하는 수계기금이 끊기면서 예산이 준 데다 불안감으로 다시 45농가로 줄어들게 되었어요.

안철환: 수계기금이요? 얼마나 되는데요?

이해식: 수계기금이 2억 원 지원되었는데 그게 끊기면서 강동구 차원에서 1억 5천만 원까지 마련했어요. 이 예산으로 인증비와 유기질 비료 같은 자재비를 지원하죠. 사실 강동구에 305농가가 있지만 그중에 화훼 등을 제외하고 먹을거리를 생산하는 곳은 110농가 정도밖에 안 됩니다. 그러니까 그중 반 정도가 친환경농업을 실천하고 있는 셈이죠. 그런데 이번에 강동구에서 도시농업지원센터에 '싱싱드림'이란 로컬푸드 매장을 만들면서 친환경농업을 실천하는 농가가 51농가로 다시 늘어나게 됐어요. 그분들에게 생산한 농산물을 팔 수 있도록 한 게 주요했던 것 같아요.

안철환: 도시농업지원센터가 중요한 역할을 했네요.

2013년 강동구 고덕동에 개관한 도시농업지원센터의 전경.

이해식: 처음 도시농업지원센터를 구상해서 만든 건 주민들에게 신선하고 안전한 먹을거리를 조금이라도 저렴하게 공급하고, 친환경농가는 안정적인 판로를 확보하여 지역경제를 활성화시키려는 데 목표가 있었어요. 서울시에서 7억 3천만 원을 지원받고, 구 예산에서 4천 2백만 원을 지출해서 지상 2층 규모로 고덕동에 지었어요. 여기에서 판매하는 농산물의 상표를 일본의 지산지소(地産地消) 개념에 착안해서, 거기서 한걸음 더 나아가 '강산강소'로 하자고 했지요. 강동에서 생산한 농산물을 강동에서 소비하자. 농산물 운송 거리가 줄어드니까 온실가스를 줄이는 효과도 볼 수 있죠.

이런 원칙을 가지고 로컬푸드 매장에서 친환경농산물을 팔 계획이지만, 한 가지 고민이 있어요. 보통 주부들이 채소나 과일을 살 때 매장을 들르면 대체로 여러 품종이 다 있어야 하는데, 강동에서 생산되는 것은 품목이 제한될 수밖에 없다는 거죠. 도시농업의 텃밭에서 나오는 쌈채소

도시농업지원센터 개장일에 농산물을 살펴보고 있는 박원순 서울시장(좌), 이해식 강동구청장(우).

가 있고, 농사짓는 분들에게서는 더 다양하게 나오겠지만, 그래도 품목이 부족한 매장이 될 우려가 있어요. 이걸 보완하기 위해서 양평처럼 푸드 마일리지가 짧은 지자체의 친환경농산물 등을 들여와서 구색을 갖추어야 하는가 고민하고 있었습니다. 그런데 아까 장관님이 유기농산물을 30%만 먹어도 된다고 말씀하셔서, 그럼 품목이 부족한 부분도 해결할 수 있지 않을까 생각했죠.

김성훈: 절대 타 지역의 것까지 취급하지 마세요.

안철환: 선생님, 행정 구역이 아니라 크게 한강 수계로 보면 괜찮지 않을까요?

김성훈: 내가 지금 이론적인 것으로 반대하려는 것이 아니라 강동에서 생

산된 것을 강동에서 소비한다는 뜻으로 볼 때 왜 강동에서 생산되지 않는 것을 억지로 가져오냐는 것이지요. 그런 것은 다른 슈퍼마켓에 가거나 농협에서 운영하는 마트도 있고, 한살림에도 있을 것인데, 거기 가서 사 먹으면 될 것이지요. 여기 매장에서는 바로 현장에서 생산된 것을 그대로 사 간다는 데에 의미가 있는 겁니다. 가령 쿠바에 가면 농장 옆에다 간단한 판매대를 만들어서 흙만 털어서 올려 놓거든요. 그러면 사람들이 바구니를 들고 와서 사가요. 제대로 된 서비스에 중심을 두면 안 돼요. 강동에서 친환경으로 생산한 걸 여러분이 사서 드시라는 뜻으로 해야지. 구색 갖추고 뭐 하려면 슈퍼마켓을 차리거나 한살림을 차리는 것이 낫지.

이해식: 그래서 고민을 했는데, 저는 우선 강산강소 원칙을 지키는 것이 중요하고, 그것을 통해 신뢰를 얻으면 가능성이 있다고 생각합니다.

김성훈: 그렇습니다. 그러면 알아서 요구를 할 거예요. "이것도 없고 저것도 없어요" 그러면 "그건 한살림이나 생협에 가서 구입하세요"라고 말해 줘야죠.

안철환: 그건 선생님 말씀이 맞네요.

이해식: 사실 강동 농협에서 매장을 만들어 유기농산물로 모든 구색을 다 갖춰주겠다고 제의했어요. 고민이 많이 됐지요.

김성훈: 매장을 만든다고 생각하지 마세요. 매대를 만든다고 생각하세요.

그리고 생산한 농민의 사진도 붙여 놓으세요. 그 밑에 주소와 전화번호도 적어 놓고, 오늘 새벽에 수확해서 가지고 온 것이라고 하세요. 가격은 농민이 직접 매기라고 하세요. 대신 이건 구청에서 친환경이라는 보증을 해야죠.

이해식: 잔류 농약 등은 저희가 체크를 하니까요.

김성훈: 그런 농민이 마흔다섯 명이면 그분들 사진을 다 붙여 놓으세요. 아니면 조그만 책자를 만들어서 필요하면 그리로 연락해서 사서 직거래로 드시라고 연결도 시켜주고, 주소를 보고 찾아가라고 하세요. 거창하게 책처럼 인쇄할 필요도 없고 간단한 전단지 식으로 만들어 나누어주세요. 없는 건 한살림이나 슈퍼마켓의 친환경 코너에 가시게 하고, 괜히 거창하게 매장을 차리지 말라고요. 마음을 얻는 걸로 만족하시면 됩니다.

이해식: 제가 생각하는 것도 우리의 원칙을 정확하게 지키는 것입니다. 강동구의 도시농업에서 생산한 것을 공급하고, 그걸 통해 신뢰를 얻는 것이 1차적 목표이죠. 문제는 그 농민들이 농협의 자금도 빌려 쓰면서 농협과 긴밀한 관계가 있어서 조금 그런 부분이 있습니다.

김성훈: 아니, 여기에 매장을 만든다면 경쟁이 되겠지만 매대 정도만 만들어 직접 소비자와 만난다고 하면 문제없어요. 박근혜 대통령도 직거래를 하라고 했으니까.

안철환: 아니 그런데, 그 매대에 도시농업에서 생산한 물건은 못 파나요?

이해식: 텃밭이요? 텃밭도 중요하죠. 텃밭에서 나오는 것도 당연히 취급하죠. 하지만 솔직히 텃밭에서 나오는 건 그리 많지 않으니까 지역 농업인들이 참여해야 하는 거죠.

김성훈: 청장님, 땅에 여유가 있으면 텃밭용 자재도 같이 내놓으면 좋아요. 아무튼 욕심 부리지 마세요. 철학이 중요해요. 더 필요하면 농협 매장도 가고, 한살림에도 가라고 해요.

이해식: 다른 유기농 매장도 소개해주고요.

안철환: 거기에서 민원이 들어올 일은 없겠네요.

김성훈: 결국은 그게 서로 살자는 거예요. 서로 잘살자는 거지. 그 정신이 공동체 정신입니다. 나만 잘 먹고 잘사는 그런 거 말고, 강동구만 가지고 있는 걸 살려요.

이해식: 지금 소비자 회원이 1,750명 정도 됩니다. 사실 이 정도 인원이면 따로 소비자 협동조합을 구성할 수도 있을 것 같아요. 강동구 안에서 농가에 방문해서 체험도 하고, 1년에 한 번 정도는 한살림처럼 축제도 열면 좋을 것 같아요. 올해로 2년째 암사동 쪽에서 한살림 축제를 열고 있거든요.

안철환: 그런데 청장님, 예전에 로컬푸드 운동을 할 때 양평이나 남양주와 MOU를 체결하지 않았나요?

이해식: 양평에 양평 농산물유통공사가 있는데, 여기를 강동구의 학교 급식에 들어가는 식자재를 공급하는 업체의 하나로 지정해주었어요. 양평이 상수원 보호구역이라 유기농업을 많이 하죠. 그래서 거기에서 생산되는 친환경농산물을 학교 급식의 식자재 공급 업체 중 하나로 선정해주고, 그 대신 강동구에 있는 농가의 친환경농산물을 그곳에서 일괄 수매하도록 했죠. 가락동 농수산물시장에서 수매하려면 수수료를 내야 해요.

김성훈: 보통 8% 정도 내요.

이해식: 그런데 그 수수료를 면제해주기로 협약을 했어요. 그래서 강동구의 농부에게도 좋고, 양평 농산물유통공사에게도 좋은 일이죠.

강동구의 도시농업지원센터

강동에서 생산된 친환경농산물을 강동에서 소비한다는 '강산강소'의 원칙에 따라 2013년 3월 지상 2층 규모로 건립된 곳으로서, 구민들에게 신선하고 안전한 먹을거리를 저렴하게 공급하고 친환경농업에 대한 이해를 확산시키며 공동체를 회복하는 기회도 얻고자 한다. 또한 친환경 농가에는 안정적인 판로를 제공해 지역경제를 활성화시키는 데 이바지하고, 농산물의 장거리 운송으로 발생하는 온실가스를 감소시킴으로써 지속가능한 농업을 실현하는 부수적인 효과도 노리고 있다.

농산물에는 생산자의 사진과 정보를 표시하고, 전 품목에 대해 잔류 농약을 검사하여 안심하고 먹을 수 있는 좋은 먹을거리를 제공한다. 또한 전시 기간이 각각 3일과 5일 지난 엽채류와 과채류는 반값으로 판매한 뒤 지역의 푸드마켓에 기부하여 나눔의 정신을 실천하고자 한다. 2013년 3월 개관 이후 약 5개월 동안 1일 평균 약 250명이 방문하여 약 83만 원의 매출을 올리고 있으며(총 매출액 약 534만 원), 푸드마켓에는 약 1,629킬로그램(약 326만 원어치)의 농산물을 기부했다.

4부

씨를
받다

진정한 도시농업을 위한 나무 심기

안철환: 사실 저는 강동구에서 도시농업을 하면서 도움을 많이 받고 있지만, 지나다니면서 보면 아직까지 강동구가 도시농업의 도시 같다는 느낌이 확 오지는 않거든요. 물론 다른 지역보다는 훨씬 앞서 있지만 아직까지는 뭔가 모자란 느낌입니다.

김성훈: 그 말은 도시민의 관점에서 봤을 때 그런 거죠?

안철환: 그렇죠. 그냥 쓱 봤을 때.

김성훈: 제가 10년 전 정부직을 그만두고 쿠바에 갔거든요. 2002년인가에 갔다가 10년 만에 다시 갔어요. 그런데 도시농업이 발전하면서 확실

하게 달라진 건 도시에 숲이 그렇게 울창해졌어요. 예전보다 강이 훨씬 더 깊고 수량이 풍부해요. 그전에는 졸졸졸 시냇물 같았는데, 물이 더 풍부해지고 깨끗해졌어요. 그래서 도시농업의 징표를 무엇으로 할 것이냐 했을 때, 우선은 나무가 많아져야 한다고 생각해요. 강동구를 관통하는 강은 없나요?

이해식: 고덕천이 있습니다.

김성훈: 그럼 그것을 살려서 거기에서 낚시를 즐길 수 있을 만큼 물고기들이 많아지도록 하는 거예요. 특히 나무가 많아지도록 해야 하죠. 강동구의 면적이 얼마인지 몰라도, 대대적으로 백만 그루를 심는 걸 목표로 해보세요. 묘목은 구청에서 반을 부담할 테니, 나머지 반은 각자가 부담하라고 해서 나무에 이름표를 달아주고요.

이해식: 2010년에 태풍 곤파스에 거의 3만 그루 이상의 나무가 쓰러졌어요. 그래서 이번 기회에 주민들과 함께 나무를 심자며 '아름숲 가꾸기 운동'이라고 2014년까지 10만 그루를 심자고 목표를 정했습니다.

김성훈: 백만 그루는 심어야죠!

이해식: 앞으로 정말 백만 그루까지 심어야겠네요.

김성훈: 그렇습니다. 그때 중요한 것은 저마다 기념으로 해서 식수하게 하

고, 그냥 심지 말고 이름표를 달아줘요. 이 아이디어는 송대관 씨의 〈이름표〉라는 노래에서 얻었어요. 그 노래가 기가 막혀요. 누구든지 이름표를 달고 싶어합니다.

이해식: 고건 서울시장 때 서울에서 천만 그루 나무심기를 했습니다. 그때도 장관님 말씀하신 것처럼 이름표를 달아주며 사업을 열심히 했거든요. 그래서 저희도 아름숲 가꾸기 사업을 하면서 이름표를 달아서 수종도 적고, 자기가 하고 싶은 말도 적게 했어요. 주민들이 신청해서 직접 나무를 사서 심었지요.

김성훈: 반값은 구청에서 내는 거죠? 산림청과 협력하면 싸게 살 수 있어요.

안철환: 이런 생각도 드는데요. 나무에 따라 발아가 쉬운 게 있어요. 그 씨를 나눠줘서 직접 발아를 시켜 심도록 하는 거죠. 그러면 좀 더 나무에 애착이 생기지 않을까요?

김성훈: 그때까지 기다리기가 너무 힘들어. 도시 사람들은 참을성이 없거든요. 양파를 뿌리 내리게 하는 그 정도나 참지.

안철환: 아무튼 저는 나무를 심는 일이 참 시사적이라고 생각합니다. 도시농업이라고 해서 배추만 재배하는 게 아니라 나무도 우거지고, 특히 물을 깨끗하게 한다는 게 중요한 것 같습니다. 사실 농지에 작물만 심는 것은 생태적으로 건강한 모습이 아닙니다. 유기농도 어렵지요. 유기농의

근본은 농지와 농지 주변에 생태적으로 생물다양성이 풍부한 생태계를 구성하는 것입니다. 그래서 나무가 보기 좋아 심는 게 아니라 농사의 입장에서도 꼭 필요한 것일 수 있거든요. 그러면 이것이 어떻게 도시농업과 연결될까요?

김성훈: 그게 바로 소위 자연을 다시 살리는 일, 마음을 여유롭고 푸르게 만드는 일이죠. 그렇게 나무를 심어 숲이나 물속에서 동물들이 사는 걸 보면서 자연을 사랑하게 되고, 거기에서 나오는 과일과 열매를 나누다 보면 이웃하고도 친해지고 공동체를 생각하게 되죠. 이건 도시가 주는 스트레스를 치유하는 방법이기도 해요. 도시농업이나 유기농업이 이와 같은 푸름을 만들어내야 해요. 말만 녹색성장이라면서 4대강 사업한다고 까부수고 원전을 짓고 하는 따위의 과거형 녹색성장이 아니라, 나무를 심는 일이 진정으로 사람이 아름다운 감동이 되는 길이라고 봐요. 그래서 나는 강동구에 유난히 나무가 많았으면 좋겠어요. 큰길 옆에도, 학교 운동장에도, 집 안의 마당에도 나무가 많았으면 좋겠어요. 공기가 맑아지게 하기도 하고, 거창하게 표현하면 이것이 지구 온난화에 대한 대응도 되고요.

안철환: 강동구에 처음 왔을 때 오래된 아파트 단지에 아파트만큼 큰 나무들이 서 있는 모습이 인상적이었어요. 그런데 나무보다 높은 데에서는 살지 말라고 하잖아요.

김성훈: 집 안에는 큰 나무를 두지 말라고 했어요. 태풍에 넘어질까봐.

나무를 집 안에 두라는 것이 아니에요. 울타리에 심거나, 동네가 온통 숲 속에 들어가게 만드는 것이에요. 제가 해마다 캐나다 밴쿠버에 있는 브리티쉬 컬럼비아 대학에 방문 연구원 자격으로 갑니다.

이해식: 저도 한 번 다녀왔습니다.

김성훈: 원래 이 대학에 나무가 울창했는데, 파이퍼라는 총장이 사방에서 돈을 끌어와 건물을 지으면서 나무들이 다 없어졌어요.
이 이야기가 핵심이 아니라, 밴쿠버에서 내륙 쪽으로 1번 고속도로를 타고 가다 보면 큰 강이 있어요. 그리로 가다가 왼쪽에 보면 코퀴틀람이라는 도시가 있는데, 거기에 한국인들이 집중적으로 모여 살아요. 캐나다는 집들이 다 숲 속에 있어요. 그런데 거기만 유일하게 나무도 없이 산을 싹 깎아서 집만 빽빽하게 들어와 있어요. 거기가 바로 코퀴틀람이에요. 한국 사람들이 어디에 가도 땅값만 생각하고 비용만 생각해서 그런 거예요. 캐나다는 원래 어느 산에 가도 집들이 숲 속에 있어서 보일락 말락 하거든요.

친환경 도시농업을 통한 이산화탄소 절감 효과(2012년 기준)

구분	면적(m²)	구좌수	CO^2 절감량	비고
계	60,296.5		13,750kg	
텃밭	54,703	2,358	12,475kg	
텃논	2,100	–	479kg	홍수 조절, 대기 정화, 토양 유실 방지 등

체험농장	2,403	1개소	548kg	32회 863명 참여
상자 텃밭	893.5	8,386개	203kg	
옥상 텃밭	197	20개소	45kg	공공기관 7개소, 공동주택 13개소

이산화탄소 13,750kg은 승용차 한 대가 서울-부산을 50번 왕복주행(1회 왕복에 1,000km로 추산)했을 때 배출되는 양에 해당한다.

학교 텃밭, 돈 주고도 받지 못하는 자연 교육

김성훈: 강동구에서 다른 자치구보다 열심히 앞장서서 친환경 급식을 하고 있는데, 학생들이 농작물을 직접 기르고 수확해서 먹는 과정이 필요합니다. 친환경 급식으로 학생들의 건강만 도모할 것이 아니라, 생물이 성장하는 과정을 학생들이 직접 보면서 생물의 변화, 식물의 변화에서 자연을 알게 하는 것이죠. 선진국에서는 학교에 텃밭을 만들어 큰 역할을 하게 합니다. 강동구에서도 학생들이 텃밭을 운영하며 여러 채소 등을 재배하도록 하고, 유기농업을 하는 농부들을 몇 학교씩 돌아다니며 지도하도록 고정시켜주세요. 그리고 또 학교의 담당 선생님들을 농부들이 갈 때마다 연결해주세요. 학생들이 '내가 기른 걸 내가 먹는다', '벌레

가 생기면 어떻게 잡는다', '벌레는 더러운 것이 아니고, 무섭지 않은 것이다', '배추나 상추에 있는 알에서 벌레가 나온다', '배추와 상추가 깨끗하니 벌레를 손으로 집어서 버려도 된다'와 같은 것들을 깨달을 수 있도록 어릴 때부터 학교 텃밭 교육이 이루어져야 해요. 지금 학교에서 화단을 가꾸는 정성이면 얼마든지 텃밭을 만들어서 학생들에게 운영하도록 할 수 있지요. 강동의 초등학교는 어떤지 몰라도 어지간한 학교면 텃밭을 만들 수 있을 거예요.

안철환: 학교 텃밭을 통해 학교 폭력이 줄어든다는 통계도 있어요. 요즘 말로 힐링 효과일 겁니다. 폭력이란 게 몸과 마음에 쌓인 독을 분출하는 것일 텐데 흙과 풀 냄새가 그것을 풀어주는 게 틀림없습니다. 그래서 저는 사람들에게 권합니다. 부부 싸움하고 나서는 꼭 밭에 가서 호미질을 하라고요. 풀을 매며 남편도 욕하고 마누라도 욕하면 어느새 마음이 싹 풀어지는 걸 느낄 수 있죠.

김성훈: 그것이 바로 자연을 통해 정화가 되는 거예요. 나는 초등학교 때 식물을 가꾸는 화단 담당이었는데, 그게 일평생 기억에 남아요.

이해식: 그것 때문에 평생 농업 쪽의 일을 하시나 봅니다.

김성훈: 그런데 그때 괭이로 일하다가 자루가 엉터리라서 날에 하필 머리를 찍혔어요.

안철환: 그래서 머리가 벗겨지신 건가요? 하하하하.

김성훈: 아니, 찍혔다니까. 그러니 피가 막 질질 흐르는 걸 데리고 병원에 가서 응급치료를 했는데, 집에 가니까 할머니가 된장을 발라줬어요.

이해식: 저도 그런 경험이 있습니다.

김성훈: 그렇죠. 저는 그걸 잊지를 못해요. 아무튼 저는 바퀴벌레든 뭐든 다 손으로 잡거든요. 벌레를 두려워 않아요. 그래서 애들 앞에서 항상 시범을 보여줘요. 벌레를 두려워하지 않는다는 것, 더럽다고 생각하지 않는다는 것을 보여줘요. 사실 농약이 무섭지, 벌레는 하나도 무섭지 않고 깨끗해요. 바로 이런 것을 교육하는 것이 진짜 교육이죠.

이해식: 잎을 갉아먹는 애벌레는 귀엽게 생겼는데, 곤충을 잡아먹는 것들은 사납게 생겼더라고요.

김성훈: 거기에 독기가 있는 털까지 난 놈들도 있어요.

안철환: 무당벌레 애벌레가 그런데, 난 그것도 귀여워 보이던데요.

김성훈: 그런 것이 다 교육이 된다는 말이죠. 난 시골 초가집의 지붕을 교체할 때 굼벵이도 애들 앞에서 그냥 먹었어요. 그게 초고도 단백질이라 먹으면 피부에도 좋아요. 소주 한 잔 탁 마시고 그걸 꿀꺽 먹는 거지

요. 아무튼 제가 말씀드릴 것은, 교장 선생님들을 친환경 급식으로 다 설득해서 따라오게 하셨죠. 거기에는 철학적으로 옳고 학부형들의 호응이 좋았다는 것 말고, 말씀은 않고 계시지만 미남형 청장님이 매력적이고 거기에 돈까지 대주니까 그렇지 않을까요? 그러니까 이번에는 학교마다 텃밭을 하도록 꼬셔보십시오.

이해식: 안 그래도 지금 '학교 텃밭 경진대회' 같은 걸 도시농업 축제에서 추진하려고 합니다. 그런데 학교를 설득하기가 참 힘들더라고요.

김성훈: 사실은 학교에 그걸 담당할 사람이 없어요.

이해식: 맞습니다. 학교에서 농사를 지어주는 역할을 해야 하는데, 말하자면 서비스 차원에서 텃밭자치회 등에서 활동하시는 분들이 정기적으로 방문해서 텃밭을 관리해주는 것이 필요합니다.

김성훈: 안철환 소장님. 이쪽 구청에서 일정 비용을 대주고, 텃밭 활동하는 분들이 학교마다 순회하면서 힘든 농사일이나 기술 등을 지도해주면 좋지 않겠습니까? 선생님들은 교육만 담당하도록 하고.

이해석: 그런 것을 해줘야 합니다. 파종, 퇴비 만드는 일, 관리하는 법, 이런 농사 전반에 대해서 가르쳐주는 게 필요해요. 물론 100% 다 해주는 것은 아니지만요.

함께 학교 텃밭을 만들고 있는 초등학생들.

김성훈: 교육적인 일은 선생님과 학생들이 하고, 진짜 전문적이고 노동력이 많이 드는 건 친환경농업 지도사나 도시농업 지도사 같은 이름의 사람들이 해줘야죠.

이해식: 지금 상자 텃밭을 25개교 정도에 보급했고, 올해부터는 시범적으로 신청을 받아서 10개 학교에 학교 텃밭을 실시하고 있어요. 여기에 강동구에서 실시한 농업전문교육에서 배출된 수료생들을 연결해주었어요. 현재 강동구에서 아주 잘하고 있는 강동중학교가 있거든요. 이곳이 학교 텃밭에 굉장히 열성적인 곳인데, 그곳 선생님이 쌈데이를 열겠다고 말씀을 해요. 쌈채소를 수확해서 삼겹살 구워서 애들하고 파티를 하겠대요. 저는 그 이야기를 들으면서 미셸 오바마가 백악관에서 텃밭을 한다는 이야기가 떠올랐어요.

백악관에 조성한 텃밭에서 아이들과 함께 농사 체험을 하고 있는 미셸 오바마.

김성훈: 내가 미셸 오바마의 김치 선생이에요. 작년 워싱턴 DC에서 한인들과 공동으로 세계 김치 축제를 열었는데, 미셸 오바마의 수석보좌관인 티나 첸이란 사람이 참가해서 김치 담그는 법을 알려줬어요. 아무튼 작년 『워싱턴포스트』 9월호에 김치 축제 소식이 '김치는 가장 저렴한 건강보험이다'라는 제목으로 크게 났어요. 기자가 "김치가 뭐가 좋냐"고 물어서, 학술적인 답변을 하면 안 써버리거든요. 그래서 "나는 일흔셋이다. 내 얼굴을 보라. 주름이 하나도 없지? 이게 김치 덕이다" 했어요.

이해식: 미셸 오바마가 텃밭을 하지만 사실 본인이 직접 다 기르겠어요? 관리하는 사람들이 있겠지요. 학교 텃밭도 그런 차원에서 지원해줘야죠. 학교 선생님들이 다 알아서 할 수는 없죠. 그러나 그걸 계속 해가면 선생님들이나 학교에서 책임을 질 수 있게 될 것이라 보죠.

김성훈: 또 하나 중요한 게, 사업을 하다 보면 열정이 있는 사람이 나와요. 그럼 그 사람이 맡는 거죠. 선생님이나 학부모에서 자연스럽게 나와요.

이해식: 학교 텃밭을 디자인할 때 수확해서 어떻게 할 것인가까지 제시해야 한다고 생각합니다. 전교생에게 모두 줄 수는 없더라도요.

김성훈: 최소 한 번은 먹게 해야 해요. 그것이 교육입니다. 그 기억을 아이들이 영원히 잊지 못하고, 자연을 사랑하게 되고, 농업을 존중하게 되고, 생명에 대한 경외를 느끼죠. 이것을 실현시키면 그 파급력이 전국으로 미칠 겁니다.

안철환: 교육과 관련해서 제가 이야기하고 다니는 것이 있어요. 우리가 요즘 농업의 다원적 가치를 말하는데 그걸 관념으로만 인정하지 말고, 교육, 체험, 이벤트 프로그램화하고 상품화해서 일자리를 만들어보자는 거죠. 솔직히 먹는 것만으로는 농업에 경쟁력이 없잖아요.

학교 텃밭 활성화

강동구는 강동구 내의 초·중·고교 95개소 및 유치원·어린이집 37개소에 화단, 공터, 상자 텃밭 등을 활용해 학교 텃밭을 조성했으며, 상자 텃밭을 총 60개소(유치원 25/초등학교 26/중학교 8/고등학교 1), 학교 텃밭을 2013년 초등학교 총 10개교에 보급했다. 이 가운데 학교 텃밭은 '텃밭자치회' 회원 10명이 강사가 되어 연 100회(주 1회 이상) 찾아가 학생들에게 작물 재배법, 친환경 약제 만들기, 텃밭일지 작성 등을 교육한다.

직접 기른 농산물을
우리 동네 시장에서

김성훈: 강동구에 텃밭이 많이 생기면 경진대회를 열면서 하루 날을 잡아 장터를 여세요.

이해식: 올해 최고의 목표가 바로 강동구 파머스 마켓을 개장하는 겁니다.

김성훈: 그걸 오가닉(유기농) 파머스 마켓이라고 해서 축제 성격으로 여세요.

이해식: 그걸 준비하려고 도시농업지원센터(싱싱드림)를 개관했습니다. 개관한 첫날부터 소비자에게 농산물을 팔았는데, 첫날 매출이 100만 원 정도 됐어요.

안철환: 그럼 도시농부의 생산물도 있고, 일반 농부의 것도 있나요?

김성훈: 그것을 좀 더 멋지게 페어처럼 열란 말이죠.

이해식: 네, 그걸 일단 도시농업지원센터에서 담당하다가 그걸 모태로 현재 벼룩시장을 열고 있는데 거기에 파머스 마켓을 넣으려 하고 있습니다. 강동구의 전체 305농가 중에 화훼 같은 걸 제외하면 농산물을 생산하는 농가는 사실 반밖에 안 되는데, 모두 친환경농업을 하도록 유도하려고 꾸준히 설득했죠. 그런데 이분들이 하겠다고 그러시다가 슬슬 농약을 치시는 거예요. 그래서 토양 검사를 실시해 걸러내서 45개로 줄였어요. 사실 친환경농업이 보통 힘든 게 아니잖아요. 텃밭에서 농사짓는 사람들은 그냥 할 수 있지만, 이걸 팔아서 생계를 유지하려면 엄청 힘들다는 건 이해합니다.

김성훈: 그럼요, 그래서 교육이 중요합니다.

이해식: 그런데 이번에 '도시농업지원센터 싱싱드림'에 생산한 농산물을 내다팔게 하는 시스템을 갖추니까 농가협의체에서 의욕이 생긴 거예요. 강동구에 한 30년 정도 유기농업을 하신 박홍석이라는 분이 계세요. 그분이 아주 의식이 투철하신데, 계속 농민들을 상대로 교육을 하고 계세요. 그분들이 생산한 걸 '강산강소'라고 해서 강동에서 생산해 강동에서 소비하는 것이죠. 앞에서 장관님께 자문을 구했듯이, 품목이 적더라도 우리가 생산한 것만 제대로 취급하는 것이 중요하다고 생각합니다.

김성훈: 장사하시려면 몰라도 그게 맞죠.

이해식: 맞습니다. 우린 장사하려는 게 아니니까요. 우린 도시농업의 철학과 원칙을 파급시키려고 하는 것이니까요. 그다음 단계로 말씀하신 것처럼 파머스 마켓 형태로 나아가려고 하고 있지요.

김성훈: 아까 말씀하신 그 농민들만이라도 잘 교육하면 좋겠어요. 판매처를 만들어주는 것이니까요.

이해식: 요즘 상당히 고무되어 있어요. 그런데 이건 신뢰 관계가 중요하죠. 삐끗하면 강동구도 망신이고, 그분들도 망신이죠.

김성훈: 만약 팔리지 않으면 구청 직원들이 강제로 사다 먹어요.

안철환: 하하하하, 선생님 역시 감각이 있으세요.

이해식: 저는 이 사업이 신뢰관계가 형성되어서 구에서 하는 건 믿어도 된다는 인식만 생기면 판로는 문제가 안 된다고 생각해요.

안철환: 저도 박흥석(서울시환경농업회장) 어르신을 뵌 적이 있는데 인상도 좋으시더라고요. 무슨 일이든 잘되려면 그런 어른들을 지도자로 만든다고 할까, 그런 구심점이 되는 분이 필요하더라고요.

미국 시애틀의 파머스 마켓. 농작물뿐 아니라 직접 만든 유기농 치즈, 잼 등을 판매하기도 한다. 사진, 자료 ⓒ 이상원

안철환: 유기농이 아니더라도 국내 농산물이면 수입보다 훨씬 낫죠.

이해식: 장관님이 말씀하신 것처럼 유기농 페어 같은 식으로, 자매도시의 유기농 특산물전을 기획해서 강동구 마당에서 열면 도시 소비자들은 굉

장히 좋아할 겁니다.

김성훈: 바로 그겁니다. 봄에 한 번, 가을에 한 번 하십시오.

이해식: 강동구에서 유기농산물을 판매하면 서울 각지에서 와서 사 가지 않을까 싶더라고요.

도시농업으로
도시에 영원한 생명을

이해식: 장관님이 지난번 선물로 주신 『더 먹고 싶을 때 그만 두거라』에 나오는 내용 중 제 머리를 탁 때리는 구절이 있었어요. 강동구의 구호가 '사람이 아름다운 강동, 따뜻한 공동체 행복한 구민'이거든요. 따뜻한 공동체를 통해서 구민이 행복해지는 것이 구정 목표의 하나이고, 또 다른 구호가 바로 지속가능한 도시입니다. 요즘 특히 환경문제에서는 지속가능성이 중요한데, sustainability를 그 책에 보니 영생(永生)이라고 번역해 놓으셨어요. 그걸 보고 깜짝 놀랐어요. 지속가능성이라 하면 사실 개념이 어려운데, 영생이라는 말이 있구나 했어요.

안철환: 그건 꼭 기독교식 표현 같네요.

이해식: 종교적으로 보면 죽어서 영원히 사는 걸 영생이라고 하지만, 도시농업의 차원에서 보면 살아서 사는 것이 영생이 아닌가 하는 생각이 들더라고요. 강동구의 도시농업도 결국 지속가능한 행복한 도시를 만들기 위해서 하는 것인데, 그렇다면 이게 결국 살아서 살기 위해 하는 것이다. 영생을 위한 것이라고 할 수 있죠.

김성훈: 다들 sustainability를 잘못 번역했어요. 이걸 지속가능성이라고 번역하니까 마치 영원히 계속 가는 것처럼 생각해요. 그런데 정확히 번역하자면, 환경 생태적으로, 그리고 사회 경제적으로 지탱이 가능한 걸 말해요. 환경 생태적으로도 지탱할 수 있어야 하고, 사회 경제적으로도 약자건 빈곤층이건 지탱할 수 있는 것을 말하는 게 정확하죠. 그런데 지속가능성이라고 하니까 많은 사회지도자들이 계속적이라는 말 대신 동의어로 이 말을 사용해요. 그래서 내가 이 사람들을 깨우쳐주려면 환경 생태적으로, 사회 경제적으로 영생을 얻는 것이라고 이야기해야겠다고 생각했어요. 왜냐하면 지금 이대로 계속 공기의 질이 나빠지고, 물이 나빠지고, 음식이 오염되기 시작하면 우리가 생물적으로 영생을 못 얻어요. 그리고 솔직히 말하면 현재 15%가 넘는 절대빈곤층은 오늘내일 하고 있습니다. 그러니까 자살자가 많고 그래요. 이건 영생이 아니거든요.

이해식: 맞습니다. 환경, 경제, 사회 이렇게 세 측면을 고려해야 하는데, 자살 문제는 사회적으로 지탱 가능하지 않은 것이죠.

김성훈: 강동구에 이혼 가정만 많아져봐요. 사회적으로 지탱 가능하겠어

요? 또 독거 노인만 많아져봐요. 그게 지탱 가능하겠어요? 내가 4년 전 원주에 살 때, 원주에서 제일 큰 교회의 노인대학에서 강의 요청이 와서 갔다가 말썽을 일으킨 적이 있어요. 강의하러 가서 보니까 한 200명쯤 되는데, 여러분 중에서 홀로 사는 분은 손들어보라고 하니까 놀랍게도 반 정도 돼요. 그래서 가만 보니까 여자가 더 많아. 그래서 내가 "여러분 그러지 마세요. 지금부터 연애하세요. 교회에 나오신 분들부터 혼자 사시면 연애하세요" 그랬어요. 그러니까 "와~!" 하고 박수가 나와요. 거기서 그만두었으면 좋은데 환호에 착각을 해서 "여러분이 결혼하고 연애한다고 애가 나옵니까, 뭐합니까?" 이렇게 말했어요. 그것도 목사님 앞에서. 그러니까 목사님이나 장로님은 난처해하죠. 대학교 총장이란 놈이 와서 이런 말을 하니까요. 그런데 사람들은 박수 치고 좋아했어요. 또 연금을 받는 사람 손 들라고 하니, 반이 연금을 받아요. 그래서 "두 사람이 합치면 연금도 더 많아져서 좋고, 따님들도 아들들도 며느리들도 부양의무가 없어지니까 좋고, 애를 낳을 것도 아니니 부담 없어 좋죠" 이랬어요. 그런데 문제가 나중에 기자들한테 전화가 막 오는 거예요. 노인들한테 연애하라 했느냐, 아이 안 낳으니 좋다고 했느냐. 그걸 잘 해명했어요. 표현을 그렇게 해서 미안하지만, 여러분 한번 생각해봐라. 노인들 늘어나고 있는데 되도록 같이 만나서 상부상조하는 게 좋지 않으냐 했죠.

안철환: 노인들이 농사를 지어도 참 좋은데요.

김성훈: 그래서 강동구에는 텃밭이 다양하게 있잖아요. 장애인용, 다문화 가정용이 있고, 노인용도 있고.

이해식: 도시농업이 결국은 공동체로 이어져야 한다는 그 말씀이 지속가능성과 연관해서 우리의 해법인 것 같아요.

김성훈: 난 강동구는 홀아비와 과부가 없는 동네가 됐으면 좋겠어요.

안철환: 하하하, 밭에서 연애하고 그러면 좋죠.

김성훈: 아닌 게 아니라, 거기까지 연결되었으면 좋겠어요. 사람이 아름다운 강동구에 살면 텃밭에서 서로 사랑을 속삭인다. 가을철 열매가 맺을 때는 청장이 주례를 서서 공동으로 문화회관에서 결혼하거나 텃밭에서 결혼한다.

사람들이 텃밭 농사나 도시농업을 하면서 궁극적으로 지향할 바가 무엇이냐고 한다면 나는 크게 두 가지라고 봅니다. 결국은 자연과 생태계에 대한 사랑을 마음속에 심어주는 것이 핵심이죠. 자연 생태계와 더불어 아름다운 환경에서 살면서, 서로 같이 도와 공동체로 잘살자. 서로 돕고 살자는 것으로 연결되어야죠. 공동체 사회를 다시 복원하는 일입니다. 과거의 향약이라든가 대동계라든가 두레나 품앗이가 결국 배려와 나눔이거든요. 영어로 말하면 좋은 것인 줄 아는데, 'Care and Share'가 그것이죠. 상부상조, 배려와 나눔. 텃밭에서 농사를 지어보면 잘 아시겠지만, 지금 제가 쑥갓과 상추를 수확할 때가 되었는데 일요일까지 미루고 있어요. 경비원이 옥상에 갔다 오더니 저한테 수확할 때가 됐다고 이야기해요. 그걸 수확하면 어떻게 되는 줄 아세요? 제일 먼저 내 입으로 안 들어가요. 내가 우리 아파트의 농부 총대장이니까, 사실 가장 열심히 노동력

김성훈 전 장관이 직접 가꾸고 있는 옥상 텃밭.

을 제공한 사람이 나니까 수확하면 누굴 제일 먼저 줄 것인지도 제가 정합니다. 이번에는 농사지을 수 있도록 분위기를 잘 만들어주고, 내가 안 받겠다고 하는데도 퇴비값 하고 모종값을 아파트 관리비에 포함시켜서 걷어준 반장의 아름다운 마음씨가 생각나서, 그분에게 제일 먼저 갖다 드리려고 해요. 이게 감사하는 마음이죠. 그러고도 남으면 옆집에 살면서 노동력 일부를 댄 가수 김종한 씨, 그리고 그분 부인이 홍천에서 오셨는데 아주 농사일을 잘해요. 그분이 주변에 꽃도 심고 그래요. 그분한테 좀 갖다 드리고, 그러고 남으면 내가 먹으려고 해요.

안철환: 완전히 새 하나, 벌레 하나, 농부 하나네요. 사실 농사의 참맛은 나누는 데 있지요. 해보지 않은 사람은 모릅니다. 나누는 경제야말로 진정한 보험일 겁니다.

김성훈: 그렇죠. 옛날에 김장을 담그면 서로 나눠 먹었죠. 내가 우리 집에서 그 담당이라 동네마다 다니면서 한 포기씩 나눠줘요. 또 예전에 제사 지내고 떡 나오면 동네에 다 돌리잖아요. 이런 것이 바로 배려와 나눔이죠. 설사 내가 나중에 굶을지라도 동네에 굶어 죽는 사람이 생기는 걸 못 보는 거, 막 나눠주면 나중에 나도 굶게 될지 몰라도 우선 굶는 사람을 못 보는 거, 이런 것이 바로 사회를 지탱해왔던 상부상조이고 나눔과 배려이죠. 그런데 그 시작이 바로 생명을 기르는 일입니다. 그걸 겪으면서 생명의 소중함을 알게 되고, 자연의 도움, 햇볕과 물과 공기의 도움을 알게 되고, 땅속의 미물인 지렁이와 미생물의 고마움을 알게 되고, 더 나아가 남을 생각하게 되죠. 그래서 강동구의 이런 도시농업 실험이 공동체를 이루고 서로 상부상조하던 미풍양속을 현대적으로 부활시키는 계기가 되었으면 해요. 저는 그렇게 나아갈 거라 생각해요. 다른 구의 구청과 연대하거나 생산적인 농촌의 군과 연대해서 서로 지원하고 협력하는 방법을 찾아보신 적이 없나요?

이해식: 아직 성사된 건 아닌데, 저희가 박원순 시장과 함께 하는 단체장 모임인 목민관 포럼도 있고, 청목회라고 청년 시장, 군수, 구청장들의 모임이 있어요. 거기에서 군수님들 이야길 들어보면 도시에 귀농하려는 사람들이 많이 있다는 거예요. 강동구에서도 도시농업과 관련해서 조사를 해보니까 귀농을 생각하며 도시농업을 하는 참가자가 한 10% 가까이 있어서 깜짝 놀랐어요. 당장 귀농을 하겠다는 것은 아니지만 장기적으로 귀농을 생각한다는 거예요. 제가 그 얘기를 했더니 실제로 귀농 관련 교육 같은 걸 직접 와서 해주겠다고 하더라고요.

김성훈: 강동구만이 아니라 서울의 여러 구에서 같이하면 좋겠네요.

안철환: 귀농자들이 제일 어려운 게 땅 구하기, 판로 구하기, 농사기술, 집 구하기, 다음이 애들 교육이에요. 이걸 강동구와 농촌의 군이 MOU를 맺어서 여기서 교육을 받은 사람을 군으로 보내면 거기서 책임지고 정착하도록 도와주면 좋겠네요.

이해식: 그렇게 협업 체제를 만드는 게 한 방법일 수 있고요. 또 하나는 농촌과 도시의 상생을 말씀하시니까 예전에 생각한 것이 떠오릅니다. 예술·문화적인 측면으로 접근해서 강동구에서 무언가 하면 좋겠다고 생각했어요. 농악 같은 경우 강동구의 직원들이 하는 팀도 있고, 강동구에만 해도 팀이 굉장히 많아요.

김성훈: 아마추어 농악 대항전을 한번 만들어서 시장기 쟁탈전도 여세요.

안철환: 원래 '농'이 '문화(culture)' 아닙니까. 진정한 문화는 농에서 온다는 뜻이죠. 이야기를 들으면서 떠오른 생각이 부천은 만화축제로 떴잖아요. 부산은 영화제로 떴고. 그렇듯이 강동은 도시농업과 유기농업으로 뜨는 거죠.

유기농으로 일으키는 생활 혁명, 지역 살리기

김성훈: 강동의 문화를 오가닉 혁명으로 일으키세요. 유기농 혁명의 본거지를 강동으로 만드는 겁니다.

이해식: 강동구의 도시농업을 유기농 차원으로 업그레이드하려면 실제로 어떻게 계획을 세워야 할지 고민이에요.

김성훈: 지금까지 말씀하신 내용에 이미 그에 대한 해답이 다 있습니다. 비전을 강동구의 도시 소비자들이 이끄는 유기농 혁명에 두세요. 일상 생활에서부터 세제도 미생물 세제를 쓰거나 정 안 되면 중성 세제를 쓰도록 하고, 그렇게 소비생활에서부터 바꿔나가는 거죠. 비누도 만들어

쓸 수 있잖아요. 친환경, 유기농 이런 모든 캠페인을 생활 속에서 실천하도록 해보세요. 그렇게 되면 유기농 사 먹지 말래도 사 먹게 돼요. 비전은 강동구가 생활에서부터 대한민국의 유기농 혁명을 선도한다고 잡으세요. 지금까지 말씀하신 것들을 생활에 초점을 두고 집에서부터 시작하게 하세요. 비전이 있으면 수단이 나옵니다. 예산을 그런 데 쓰면 구민들이 우리가 낸 세금으로 우리가 혜택을 받는다고 생각해서 좋아합니다. 그리고 이것 때문에 불편해하는 분이 있으면 청장님이 직접 나가서 웃으면서 친절히 응대하는 거죠.

이해식: 사실 강동구의 도시농업을 유기농업으로 하자는 계획을 마련한 상태거든요. 1가구 1텃밭이 강동구의 비전인데, 그 내용은 말씀하셨듯이 혁명에 가깝죠. 지금 도시농업을 유기농업으로 나아가도록 할 상당히 많은 요소들이 갖추어졌다고 보긴 합니다. 도시농업지원센터에 유기농이라는 단어를 붙일 수 있으면 하나의 혁명이죠.

김성훈: 관행농업을 유기농업으로 전환시키는 일은 쉬운 과제가 아니에요. 세계적으로 유기농업의 비중이 선진국의 경우 전체 농업의 10~15%인데 한국은 0.6%에 불과합니다. 우선 현행 에너지 의존형, 화학 물질 의존형 다수확 농법과 유전자 변형 식품의 생산·소비시스템을 바꿔야 합니다. 탐욕과 이윤 확대에 눈이 먼 대규모 공장식 농장과 목장들이 전체 식량의 대부분을 생산하는 구조를 지역사회의 주민들이 원하는 유기농업 체제로 전환한다는 것이 쉽지가 않아요. 하지만 우리 인간과 뭇 생명체, 지구가 살기 위해서는 어떻게 해서라도 농업을 친환경적으로 개편해야 하죠.

안철환: 선생님, 어떠한 방법으로 그러한 일이 가능할까요?

김성훈: 연간 수만 톤씩 사용하는 농약과 합성 비료 대신 미생물 활용농법이나 천연 병해충 퇴치농법을 활용하고, 음식물 찌꺼기와 농림축수산 부산물을 활용해 퇴비 등을 만들어 순환시켜야 합니다. 이를 위해 이 땅의 농민과 도시 소비자들이 합심하여 노력할 때 비로소 유기농업 혁명이 성공할 수 있어요. 단순히 옛날로 회귀하는 것이 아니라, 온고이지신의 농법으로 안전성과 생산성을 함께 높이고 지속가능한 소비 방식을 취해야 합니다. 이 같은 전환에는 소비자들의 각성과 반격이 절대적으로 필요합니다. 면역력에 필요한 기초 영양소가 결핍되고 유해 화학 첨가물의 투입에 의존하는, 식품 기업 체제의 가공 식품과 인간의 건강 및 환경 생태계에 지극히 위험한 유전자 조작 식품, 정크 푸드, 비인도적인 공장식 축산물을 더 이상 반강제적으로 먹을 수 없다고 일반 소비자들이 대대적으로 각성하고 의식을 전환해야 합니다.

이해식: 저도 그러한 생각을 가지고 한살림 생협의 회원으로 활동한 지가 오래되었는데, 이걸 구정 차원에서 실현하기 위해서 필요한 일은 무엇이 있을지 고민하고 있습니다.

김성훈: 먼저 '음식물쓰레기 제로' 운동을 해보세요. 그리고 강동구에서 지금도 잘하고 계시지만, 지역에서 생산된 것을 그 지역에서 우선 소비하는 로컬푸드 운동을 지원하시는 겁니다. 그리고 도시의 빈 공간을 활용한 도시농업 운동도 그 한 축입니다. 이때는 반드시 최대한 지역의 자

원을 순환시키는 농법에 기반을 두어야 합니다. 우리가 매일 먹는 음식이 어디서 왔고, 누구에 의해 어떻게 생산되었으며, 무엇이 첨가되었는지 아는 일이 건강과 지구 환경에 중대한 영향을 미칩니다. 우리가 어떤 식품을 선택하느냐에 따라 심각한 기상 이변과 환경 파괴, 농민의 빈곤, 농업 노동자의 착취, 그리고 인간과 동물의 복지 여부가 달라져요. 제가 유기농업 소비자의 열두 가지 실천 항목을 알려드릴게요. 이건 북미 유기농 소비자협회(OCA)에서 우선적으로 실천할 행동지침으로 발표한 것이기도 합니다.

① 로컬 유기농산물의 소비를 생활화, 계획화하자.
② 유기농산물을 도시의 가정과 공터에서도 각자 기르자.
③ 남은 음식물로 퇴비나 지렁이 분변토를 만들자.
④ 공장식 농축산물과 GMO 농산식품을 보이콧하자.
⑤ 가족농 유기농부들에 의한 저탄소 농업 경영 방식을 적극 지원하며, 꾸러미 회원이 되어 수송 거리를 최소화하자.
⑥ 전국 방방곡곡의 숲을 지키자.
⑦ 산림(숲) 사이에 식용작물을 재배하거나 산양과 젖소를 기르자.
⑧ 내수면의 야생 어류를 보호하자.
⑨ 꿀벌을 보호하고 자운영 등 콩과 식물을 먼저 심자.
⑩ 대형 공장식 농·목장에서 이루어지는 농업 노동자 착취를 배격하고 공정 무역을 실천하자.
⑪ 농산어촌의 전통적인 가족농을 지원하고 보호하자.
⑫ 원주민 또는 옛 조상들의 농법을 배워 개량히자(온고이지신).

안철환: 예전에 선생님께서 유기농업 혁명을 말씀하시면서 지방자치제를 강화하고 지방분권제를 확립하는 일이 중요하다고 하셨던 것 같은데요.

김성훈: 그렇습니다. 범국민적인 유기농업 혁명이 성공하려면 소비자와 농업인이 참여하는 실질적인 지방자치제도의 강화와 지방분권 강화, 그리고 소비자협동조합(생협) 운동이 중요해요. 무엇보다도 현행 중앙정부의 세수 예산 권한과 농정의 주요 권한을 대폭 지자체에 이관해서 지방자치단체와 주민들이 지역의 실정에 맞게 그 용도를 결정·집행하도록 하는 것이 진정한 지방자치입니다. 외국의 지자체처럼 지역 주민들이 독자적으로 지역의 특성을 살리도록 해야 합니다. 이미 선진국들이 취하고 있는 지방자치 분권체제를 본떠서 중앙정부는 국방과 외교, 사회 간접자본 건설과 지역 개발 인프라 구축 등 WTO가 허용하는 범위의 과제와 업무만 수행하고, 나머지 행정일반을 포괄적 예산방식으로 지방정부와 생산자 자조조직에 대폭 이양해야 합니다. 그러기 위해서 도, 시, 군 등 지방자치 정부가 구미의 선진국처럼 나라 전체의 세수 및 예산의 80%까지 운용할 수 있어야 하는데, 잠정적으로 최소한 50% 정도라도 직접 거둬들이고 집행하도록 재정수지 운용 제도를 대폭 혁신해야 해요.

안철환: 지역분권주의야말로 유기농적 삶에서 매우 중요합니다. 중앙집권주의적인 삶에서 유기농은 한계가 뚜렷합니다. 중앙집권주의에서는 지역성보다는 효율성과 국제주의 시대에 걸맞게 비교우위론이 지배하기 때문에, 유기농은 효율적이지 않고 비교우위의 경쟁력을 가질 수 없어 힘을 얻지 못하죠. 그렇지만 지역분권주의가 관 중심이어서는 곤란합니다. 지

역 단위에서 민간의 거버넌스(governance) 운동, 그리고 주민들의 자치조직 활동이 꼭 전제되어야 합니다. 분권주의는 기득권자들끼리의 권한을 나누는 것이 아니라 민간을 비롯해 모든 사람들의 기본적인 권리를 나누는 것을 목표로 해야 할 것입니다.

이해식: 유기농업 혁명이 단순히 생활 방식을 전환하고 그를 통해 농업을 추동하는 데에서 끝나는 것이 아니라 정치·행정 체제에까지 큰 영향을 미치는 일이군요.

김성훈: 아주 잘 보셨습니다. 오가닉이 유기농이거든요. 이건 생명이란 뜻입니다. 그러니까 오가닉 레볼루션 헤드쿼터 강동구가 되세요.

이해식: 그 단어의 뜻이 진짜 '유기농 혁명 본부'를 뜻하네요.

안철환: 마지막으로, 청장님은 강동구에서 도시농업을 통해서 이루고자 하는 목표가 무엇인지 하실 말씀은 없나요?

이해식: 우리의 목표는 1가구 1텃밭이거든요. 도시민이면 누구나 참여할 수 있도록 하는 것이 우리의 비전입니다. 그때의 도시농업이란 굳이 텃밭에 나와 경작하는 것이 아니더라도 됩니다. 사실 도시민들이 많이 바쁘잖아요. 그런 분들은 실내에서 상자 텃밭이나 화분에 허브나 화초를 키워도 좋습니다. 그것 또한 도시농업이라 봅니다. 그런 의미에서 보면 생명을 키운다는 행위가 도시농업의 핵심이죠. 저는 도시의 농업은 다양

한 요구를 받아들일 수 있도록 다양해야 한다고 생각해요. 텃밭에서도 종을 다양화해야 하고요. 우리가 보면 도시농부들이 대개 쌈채소 종류만 많이 선호하는 걸 볼 수 있는데, 계속 교육이나 권장을 통해서 작물의 종류도 다양화할 필요가 있다고 생각해요. 전체를 아우를 수 있는 도시농업이라고 한다면, 도시민이면 누구나 다 생명을 키우는 일에 동참할 수 있도록 환경을 조성해야 하지 않을까 생각하고 있죠. 그렇게 하려면 사람들이 관심을 갖도록 해야 되고, 그를 위해 우리는 끊임없이 교육을 하고 홍보해야 하니 할 일이 많죠.

안철환: 결론이 명확하네요. 선생님, 고생하셨습니다. 청장님도.

도시농업에 대한 남은 이야기

다시 한국의 식량과 농업의 미래를 생각한다

김성훈(전 농림부 장관·현 경실련 소비자정의센터 대표)

무릇 농업이란 하늘(天)과 땅(地), 그리고 사람(人)의 3재(才)가 조화를 이루며 식량을 생산하고 다양한 공익적 기능을 창조하는 인류의 영원한 생명줄이다. 그 농업이 국내외 공장식 기업농(Food, Inc.)에 의해 축소되고 마침내 이 땅에서 사라질 기로에 놓여 있다.

국가와 민족 형성 및 유지 발전의 최소한의 조건

농업이 없는 국가, 농촌이 없는 도시, 농민이 없는 민족은 영생할 수 없다. 그래서 경제협력개발기구(OECD)는 농업을 일컬어 다원적인 복합 기능(multi-functionality)의 수행자라고 정의를 내리고, 세계무역기구

(WTO) 역시 농업을 식량과 섬유 물질 등의 제공은 물론, 환경 생태계와 문화 전통, 경관의 보전 등 다양한 비교역적(非交易的) 관심사항(non-trade concerns)을 창출하는 기초생명산업이라고 규정하고 있다. 유엔 식량농업기구(FAO)는 국가와 민족의 형성과 발전에 농업과 식량은 필수적으로 갖춰야 할 최소한의 필요충분조건(national minimum requirement)이라고 말하고 있다.

특히 한국에서 이 같은 기초생명산업으로서의 3농(3農, 농업·농촌·농민)의 기여와 중요성은 하버드 대학의 라이샤워 교수가 일찍이 갈파한 한국론에 잘 시사되어 있다.

"이 지구상에 수없이 많은 국가와 민족이 일어섰다 사라져 갔으나 지금까지 가장 오랜 기간 한 핏줄, 한 언어, 한 문화권, 그리고 비슷한 규모의 국경을 보존해온 나라는 아마도 중국을 빼놓고는 Korea뿐이다. 신라 이후 Korea는 오늘날에 이르기까지 (비록 분단이 되어 있어도) 민족과 국가의 동질성을 가장 잘 유지하고 있는데, 오늘날 유럽계 국가들에게서는 그 유례를 찾아보기 힘들다."(『Ennin's Travel to Tang China』, 1955)

사실이지 지난 5천년 동안 우리 민족이 한반도에 나라의 터전을 다진 이래 오늘날 남북한과 세계 각지에 인구 7천여 만 명을 헤아리는 '작지만 강하고 아름다운 강소국(强小國)'으로 발전해온 저변에는 몬순 계절풍의 아시아 지역에서 생태지향적인 벼농사를 중심으로 3농의 생명력이 뒷받침해 왔기 때문이다. 이 3농의 벼릿줄이 다름 아닌 두레, 향약, 대동계, 품앗이 등 상부상조 정신과 협동과 신뢰에 기반을 둔 공동체 의식이었다.

요즘 말로 '협동조합', '사회적 경제' 개념의 원형이 바로 우리 3농의 전신이었다. 사람(農民)이 먼저이고 사람들의 협동협력(共同體)이 제일 중요했다. 오랜 세월 역대의 무능한 왕권과 탐욕스런 지배세력들의 가렴주구에도, 그리고 수많은 외침에도 이 나라 이 겨레의 사직(社稷)이 지탱할 수 있었던 저력은 우리 사회의 밑바탕에 농업·농촌·농민의 든든한 상부상조와 협동의 정신이 뒷받침하고 있었기 때문이다. 가까이로 1997~2000년의 IMF 환란 때도 주식인 쌀을 자급하고 있었고 3농의 저력이 살아 있어, 세계 역사에서 유례를 찾아보기 어려운 민초들의 눈물겨운 '금 모으기'와 같은 참여정신으로 위기를 극복할 수 있었다.

사상누각의 신자유주의 농정

국가의 정책이 농업·농촌·농민의 3농 가운데 어느 한쪽에만 치우칠 때 하늘과 땅과 사람의 관계는 균형이 깨진다. 특히 사람, 즉 농민에 대한 모심과 보살핌이 소홀하거나 억압하거나 궁핍할 때는 반드시 민란과 체제 전복으로 시달림을 받았다. 그것이 과거 봉건왕조의 붕괴사이다. 사회 지배 세력들이 토지와 농업의 수탈에 혈안이 될수록 하늘이 노하고 땅이 노하여 체제 전복(민란)으로 이어졌다. 바야흐로 하늘이 이상 기후로 충만하고 땅과 3농이 투기 또는 약탈의 대상으로 전락하면 농민(서민)대중의 삶이 도탄에 빠져 허덕인다. 비록 현재 우리가 살고 있는 사회가 옛날처럼 농경 문화가 주축을 이루는 봉건사회가 아니고 자본주의 상공업 시장경제 체제라 하더라도, 민심이 천심이 되어 나라의 정체(政體)가 바뀌고 무너지기는 마찬가지다. 농민 대중의 삶이 빚에 쪼들리고 백성들이 먹을거리가 부족하고 불완전, 불안전하면 그 위에 번창하던 상공업과 도시 사회 역시 모래 위의 성과 같이 한순간에 무너져 내릴 수 있다. 이명박 정권의 출범과 더불어 한순간에 불에 타 무너져 내린 남대문(崇禮門)의 전조가 이 같은 사태를 상징한다.

소위 MB 정권 때 부쩍 강화되기 시작한 많이 가진 자들에 의한 돈 놓고 돈 먹기 식의 신자유주의적 황금만능주의가 우리의 3농 정책 곳곳에 아직도 판을 치고 있어 농업·농촌·농민에 대한 배려가 턱없이 부족하다. 우리의 일거수일투족을 지배하고 있는 승자 독식의 신자유주의 체제에서 생태계와 천·지·인의 균형을 무너뜨리는 행위가 급속도로 진행되었다. 국가의 주권과 국민의 생존권이 달려 있는 3농의 운명 역시 바야흐로 벼랑 끝으로 몰리고 있다. 신·구정권의 각료 후보자들의 토지에 대한 투기적 소유 행위에서 보이듯이, 전국의 농경지와 임지의 대부분은 이미 농민이 아닌 부재지주와 도시 자본의 투기 대상으로 전락했다. 농업인의 실질적인 제2차, 3차 소득원인 식품 가공업과 유통 시스템 역시 이미 도시 자본들의 독무대가 되어 있다. 특히 한국의 총 농업조수익을 뛰어넘는 식음료품 가공 산업은 연간 1,200여만 톤에 달하는 해외 수입 농산물을 마구잡이로 수입하며 이루어져 비정상적으로 비대해지고 있다. 이를 촉진이나 하듯 정부에서는 농민에게 쓰여야 할 막대한 농림예산을 '6차산업육성'이라는 명분으로 태연히 재벌 기업들에게 편파 지원하였다. 농민이 없는 농정, 농민을 배제한 연구결과(예를 들어 수직 식물 공장)에 대해서도 국가 예산이 왜곡 지원되고 있다. 7·4·7 녹색성장 정책이 말만 '창조경제'로 바뀌었을 뿐, 생명생태 공동체와 3농의 기초 조건들은 날로 비(非)농민화의 길로 줄달음치고 있다.

3농 중심의 6차산업 대망론(待望論): 농정의 새 패러다임

2005년 1월 3일, 노무현 정부 하의 새해 벽두『농훈칼럼』에서 공식으로「이제 농업은 '6차산업'이다」라는 논설이 독자적인 제목으로 주창되었을 때의 취지와는 아주 동떨어진 방향의 6차산업론이 구정권에 이어 새 정부에서도 등장하였다. 기업농 중심의 6차산업 지원 정책이 그러하다. 원래는 생산, 가공, 유통 판매와 수출, 그리고 녹색 관광 및 어메니티 자산화 운동에 농민들이 주도적으로 마을 단위나 개별적으로 적극 참여케 함으로써 3농의 고유 영역을 되찾아 농가 소득을 높이고, 농업의 다원적인 공익 기능을 활성화하자는 것이 당초 '6차산업 진흥론'의 근본 취지였다. '가족농의 전문화와 협동화, 그리고 도농연대'로 천·지·인 3재가 균형을 이루는 공동체 사회를 건설하자는 당초의 취지와 목적이 새 정부의 6차산업 농정지표에서는 슬며시 사라지고 기업농을 위한 농정이 기승을 부리고 있다.

IMF 위기를 극복한 이후 대중사회의 소비 수요패턴은 점차 친환경적인 가족농 체제에 부응하는 방향으로 변화해 왔다. 전국 농산어촌에는 IT기반이 구축되어 온라인 거래와 택배 시스템이 가능해져 가족농들에 의한 친환경 유기농 슬로푸드의 수요가 날개 돋친 듯 성장하였다. 그때까지 3농 분야를 거들떠보지도 않던 재벌기업과 다국적 농업 관련 기업들이 호시탐탐 전통적인 가족농업의 영역을 넘보기 시작한 것도 이때쯤이었다. 그렇기 때문에 정부와 공공기관이 선제적으로 더욱 소규모 가족농들을 협동화시켜 이에 대응대비하게 할 필요가 절실한데도 엉뚱하게 대기업농 육성책과 대형 가공·유통업체에 대한 지원에 MB 정부가 팔을 걷고 나섰고, 박근혜 정부 역시 부창부수하며 나서고 있다. 그에 맞서 가족농의 전문화와 협동화를 통해 3재 3농을 6차산업으로 재건하자는 주장이 아직도 유효한데도 외면하고 있다.

미래학자 앨빈 토플러가 『제3의 물결』에서 바야흐로 세계는 로스토우 교수의 '고도 대중 대량 소비' 단계를 뛰어넘어, 점차 '다양한 개성적인 소비 시대'로 접어들고 있다고 예고한 점에 주목하여 탄생한 것이 가족농의 전문화와 협동화, 즉 친환경 6차산업론이었음을 명심해야 한다. 즉, 지속가능한 생태적 3농 체제가 다품종 소량생산 및 소량 소비 구조에 부응하는 이른바 현대판 신농정 패러다임으로 떠오르고 있음을 유념하여야 한다. 지금 유럽연합과 일본, 심지어 미국과 캐나다에서도 친환경 가족농이 점점 득세하고 있다. 농업 및 식품 수급 특성상 무조건 큰 것이 좋다는 '규모의 경제성(economy of scale)' 시대는 가고 '범위의 경제성(economy of scope)' 시대로 돌입하고 있다. 시나브로 국민대중의 식품 소비 패턴이 크고 싼 것만을 좋은 것이라 받아들이지 않고 있다. 다양하고 친환경적이며 전통적인 것이 선호되는 시대로 바뀌고 있다. 오랜 역사와 높은 예술적 향기, 깊은 전통의 맛과 인정미 넘치는 완전 발효식품 슬로푸드(slow food)는 누가 뭐라 해도 가족농들의 오밀조밀 다정한 시골 풍경이 가미되어야 '짱'이다. 농업이 사람 중심의 제2차(가공), 3차(유통 판매)산업, 그리하여 6차(1+2+3)산업의 새로운 세계로 진화하도록 농정 패러다임이 바뀌어야 한다. 이것이 우리 조상 대대로 전해 온 소중한 자연·문화유산 지키기와 현대적 시장경제의 아름다운 만남이다.

우리 고유의 친환경, 친인간적인 식문화(食文化)인 김치(Kimchi)와 고추장(Gochujang)이 우리말 그대로 유엔 산하 세계식품규격위원회(CODEX)에서 세계적 표준 발효식품으로 인증되었다. 한걸음 더 나아가 된장, 간장, 순대와 젓갈, 막걸리, 식혜, 소주 등과 같은 전통 발효식품들이 세계 무대에 진출한 사례에서 보듯, '가장 향토적인 것이 가장 세계적인 시대'로 접어든 것이다. 우리 특유의 맛과 향기와 색깔과 모양의 가공 저장 발효식품이 친환경 유기농업과 만나 거기에 과학적인 위생 방법으로 안전성이 담보될 때에 스위스의 까망브랑 치즈처럼 세계적인 고품질 한류식품으로 거듭날 수 있는 것이다. 이처럼 저장성도 좋고, 가소화율(可消化率)도 높은 건강 식품들이 가족농들의 소득과 도시 소비자들의 건강과 생명을 동시에 보장하는 우리 식문화의 한류화가 바로 가족농 중심의 6차산업이어야 한다. 그것이 농정의 새로운 패러다임이다. 그것을 가로막고 있는 것이 대기업 중심의 각종 농업규제 법령과 제도들이다. 소규모 가족농을 옭아매고 있는 식품위생(가공)법, 도정관련 법규, 주세법들이다.

친환경 가족농의 구세주, 생협의 화려한 부활

역설적인 현상이지만 오늘날 친환경 가족농들의 구세주는 정부나 농협이 아니라 도시 소비자와 생산 농민들의 협력에 의해 설립되어 운영되고 있는 생활협동조합이다. 농업·농촌·농민에 뿌리내린 도시 소비자의 꽃이 바로 생협이다. 국민의 정부 시절 제정·공표된 소비자협동조합법(1999년 2월 제정·공표)에 기반을 하여 새롭게 재출범한 소비자생활협동조합(일명 '생협')들이 13년이 지난 2012년 현재 3대 연합체 산하에만 무려 60여만 가구가 조합원으로 참여하여 이미 연간 매출액 6,000억 원대를 돌파하였다. 이렇다 할 정부의 재정지원도 없이 자력으로 이만큼 성장한 것이다. 생협법이 제정되기 이전 15년 가까이 임의조직으로 근근이 연명해 오던 자생적인 '한살림'과 무명의 생협 시절에 비하여 문자 그대로 '눈을 씻고 다시 봐야 할(刮目相對)' 정도로 장족의 발전을 했다. 특히 거의 비슷한 시점에 선포된 정부의 '친환경 유기농 원년' 선포에 따른 친환경 유기농업의 급속한 성장과 생산자와 소비자 사이의 직거래 실현에 생협이 커다란 기여를 해 왔다. 현재 대한민국의 국민들로부터 생협만큼 신뢰를 받는 친환경 농산식품 유통기관이 없다고 할 만큼 그 신임과 역할이 눈부시다.

그 단적인 증거가 2010년 초가을 시중 대형 마트와 NH 하나로마트에서 배추가 한 포기당 1만 5천 원까지 치솟았을 때 생협 점포에서는 보통 때와 다름없이 포기당 그 10분의 1 수준인 1천 5백 원에서 2천 원으로 거래되었던 일이다. 그것도 친환경 유기농 채소가 그러했다. 지금도 생협 매장에서는 매일 아침 문을 열자마자 신선 채소류가 부리나케 동이 나고 있다. 친환경 유기농 또는 무농약 농산물이라 더 비싸면 비싸야 했는데 왜 그랬을까? 생산 농민들이 생협 소비자들에게 감사의 뜻을 행동으로 표시한 것이다. 보통 때에는 수확철에 생산이 몰려 가격이 폭락할 때도 소비자 조합원들이 품질과 안전성을 믿고 지속적인 생산을 독려하기 위하여 적정 생산비와 이문을 보장해주는 가격으로 구매해준 데 대하여 친환경 가족 농민들이 보은의 뜻을 표시한 것이다. 생협은 주주, 자본가가 따로 없다. 생산자와 소비자가 주인이기 때문이다. 주주의 이익을 따로 계산할 필요도 없다. 생산자와 소비자 사이의 상호신뢰와 공생공영,

그리고 지속가능한 생태적 생활 경제 유지가 공동 목표이기 때문이다. 자본주의 시장경제의 특징인 독과점적인 유통 이윤을 따로 계산하지도 않는다. 직거래 유통에 따른 직접 비용을 반영하여 생산자와 소비자가 합의한 수준만 유지하면 된다. 따라서 유통 마진이 여느 유통기관들의 3분의 1 수준에 불과하다. 유통비용 중 인건비의 비중도 대단히 낮다. 소비자 조합원들의 자원봉사가 큰 역할을 하고 있고, 직원들 역시 기업에 비해 적은 급여 체계를 기꺼이 감내하기 때문이다. 대형 유통업체와 말뿐인 NH농협과는 크게 차별되는 대목이다.

친환경 가족농들은 생협이라는 팔 곳이 있어 안심하고 생산에 전념하고, 소비자조합원들은 생협이라는 안전한 식품 구매처가 있어 행복하고 만족해한다. 이렇듯 정부의 특별한 지원이 없이도 한살림, 여성민우회, 전국여성농민회총연합, 가톨릭농민회 등에 의한 생협 사업이 친환경 소비자와 가족농들의 협동 협력이라는 신뢰의 바탕 위에 쑥쑥 자라나고 있다. 이제 생협은 대한민국 가족농업과 도시 소비자들의 희망 제1번지가 되고 있다.

MB의 농정, 박근혜 정부의 농정: 데자뷰

그런데도 위정자들과 학자들은 남의 나라, 남의 이론을 앵무새처럼 따라하기에 급급하다. 지금 이 순간에도 신자유주의 무역자유화 정책과 대기업 선호 패러다임의 기업농 정책을 마구잡이로 밀어붙이는 시행착오적인 행위가 우리 농정의 도처에서 발견되고 있다. 한미 FTA로 피해를 본 농업인들을 지원하라고 국회가 배정한 정부예산을 수백억 원이나 재벌

기업에 몰아주는가 하면, 대형 유통 마트에도 수천억 원, 그리고 도시 자본이 90% 이상을 출자한 농업 회사에도 천문학적인 재정지원을 서슴지 않는다. 또 지난해 6,220억 원이나 지원된 농수산식품 수출 지원액의 대부분이 해외로부터 수입한 식품 원료를 사용한 대기업 식품가공업체들에게 빠져나갔다.

그 결과 한국의 식품 수출액이 2007년 38억 달러에서 2012년 80억 달러로 늘어났으나, 같은 기간 농식품 수입액은 192억 달러에서 334억 달러가 되어 오히려 무역적자가 2007년의 154억 달러에서 2013년 254억 달러로 늘어났다. 수출 품목에는 커피, 라면, 담배, 참치 등 거명하기도 부끄러운, 주로 외국산 원료로 가공한 식품들이 대부분을 차지하고 있다. 바꾸어 말해, 그나마 조금 늘어났다는 농수산식품 수출액이 외국 농업인들의 수익을 높여주었을 뿐 우리나라의 농업과 농가 소득 증대에 미친 효과는 지극히 미미하였다. 마담 MB가 명예이사장이 되어 매년 수백억 원의 혈세를 쓰며 추진했던 한식 세계화 사업도 뉴욕에 초대형 한식당(national flagship restaurant)을 경영하려다 교포들의 저항을 받고 물러선 다음 지금껏 흐지부지 게걸음을 하고 있다. 이것이 우리나라 수출 농정의 현주소이다.

그럼, 우리나라에서 정부 다음으로 큰 기관인 농협은 무얼 하고 있나? MB 정부에 들어와 이름도 멋지게 바꿔 단 NH농협지주회사는 박근혜 정부의 농산물유통개선사업에서 현재 중심적인 역할을 다시 맡았다. 5년 전 MB 정부가 들어서 의욕적으로 추진했던 시군 농산물유통사업단들은 수천억 원의 국민 혈세만 낭비하고 사라졌다. 그 자리에 은행이나 다름없이 금전 위주의 사고방식을 가진 NH농협이 들어섰다. 이들이 정부의 지원이 계속되는 한 소기의 가시적인 유통 개선 성과라도 보여줄지조차 의문이다. 사업 내용들을 보면 역대 정권이 들어설 때마다 발표되었던 구호와 대책들이 다시 보인다. 데자뷰(既視感)에 빠진 느낌이다. 다만 특이한 것은 한국 농촌에 시집 온 다문화가정을 배려한다는 명분으로 국산 과일과 채소를 전문으로 취급하는 일부 농협 공판장과 원예 판매장들이 바나나와 미국산 오렌지 등 수입 농산물을 열심히 판매하는 과잉 친절을 베풀고 있다는 점이다. 그러다보니 농협에서 국산 과일이 밀려나고 가격이 폭락하는 역설적인 사태가 빚어지고 있다. 지역에서 생산된 것을 지역에서 소비하자는 로컬푸드 운동 역시 사업이 될 만하니까 기존의 농부들에 의해 운영되던 로컬푸드 매장 인근에 NH로컬푸드 매장이 개설되는 등 대단히 꼴불견스러운 비농민적인 농협들이 생겨나고 있다. 이러니 농협을 농민들의 조합이 아니라 임직원들만의 조합이라 말하지 않는가.

'평생 웬수' 신세의 농사짓기가 선진농정?

이렇듯 정부와 NH농협의 거꾸로 가는 신자유주의 농정에도 불구하고, 정부의 농업예산은 해마다 줄어드는 반면 대기업농과 대형 유통 마트 등에 대한 지원은 갈수록 늘어났다. 농산물가격은 장기간 제자리걸음 또는 하락 일로이다. 그러니 지난 5년간 농가 소득은 오히려 해마다 줄어드는 반면 부채는 계속 늘어나고 있다. 예를 들어, 끄덕하면 세계에서 제일 비싼 것처럼 공격받는 우리나라 농산물 가격의 현실을 보자. 껌 한 개 가격인 200원은 달걀 한 알의 가격이다. 담배 한 개비 가격인 150원은 쌀밥

한 공기 값에 비등하다. 몇 달 전 정부에서 발표한 2013년산 쌀 목표 가격이 8년 만에 2.4% 올랐다. 80㎏ 1가마당 4,000원을 올린 것이다. 한국에서 소규모 가족농들이 농사를 짓는다는 것은 '웬수'질이다.

평생 '웬수'일런가, 이명박 정부는 거꾸로 대기업들의 축산업 진출을 허용하면서 공장식 축산을 권장하고, 농업회사 법인에 대해서는 친절하게도 도시 자본의 무제한 투자를 허용하는 '농업 경쟁력 강화 방안'을 가족농업 패러다임의 대안으로 발표하였다. 그에 따라 2009년 '농업선진화위원회'도 출범하였다. 그리고 막대한 농업 예산을 10여 년에 걸쳐 투입해서 완공한 새만금과 화옹 등 대단위 간척지를 당초의 간척 목적을 무시하고 과감히 대기업들에게 특혜 분양하였다. 그들이 농업 회사를 설립할 경우 정부의 추가적인 재정 지원을 받아 농업 선진화(?) 대열에 뛰어들게 했다. 기존의 가족농들은 그들 앞에만 서면 추풍낙엽이다. 이것이 농업선진화란다.

또 정부는 지난 5년간 유례없는 빠른 속도로 46개국과의 FTA를 체결한 데에 만족하지 않고, 지금도 여전히 한중 FTA, 한중일 FTA, 한베트남 FTA, 환태평양라운드 FTA 등에 열중하고 있다. 이것이 농정의 선진화란다. 가족농을 죽이는 기업형 농업, 공장식 축산, 수직 빌딩 농업, 무관세 수입 농산물 남발, 해외 농산물 과다 의존 가공업체 지원, 후려치기식 대형 유통업계의 횡포, 구제역 등 빈번히 발생하는 가축 질병, 유전자 변형 식품의 범람과 질병 유발, 환경오염과 생명 피해, 이것들이 MB식 대기업 위주의 6차산업 정책의 성과 일람표이다.

이들 정책기조를 박근혜 정부에서도 아무런 성찰과 반성 없이 공식적으로 계승하고 있는 듯하다. 그것이 창조경제로 이름표를 바꿔 달았는지는 모르지만, 분명한 것은 5천여 년 간 우리나라 3농의 핵심이었던 가족농들에게는 종말의 시간이 점점 다가오고 있다는 느낌이 든다는 것이다. 오히려 정부와 NH농협이 3농의 건전한 계승·발전에 걸림돌이 되었다는 성찰이 박근혜 정부의 창조농정에서 먼저 있었으면 이러한 오해가 필요 없을지 모른다. 앞으로 그 후유증은 국민의 건강과 생명에 위해한 GM 식품이 우리의 밥상을 완전히 점령하는 일이며(이미 연간 780여만 톤의 GMO가 수입되고 있음), OECD 국가 중 최하위의 식량 자급률이다. 바야흐로 국민 소비자들의 생존권과 건강권의 위협 및 환경 생태계의 붕괴가 눈앞에 다가오고 있다.

국민 생존권이 달린 한국 농업의 미래

이제 농업 문제는 농민들만의 문제가 아니라, 국민 모두의 문제가 되었다. 식량 자급률 22.6%(정부는 최근 24.3%로 정정 발표함), 쌀 자급률 86.3%, 쌀을 제외한 곡물의 자급률 3.5%인 우리 겨레 구성원들의 생존권이 달린 문제로 격상하였다. 장차 국가 주권의 향방은 어디서 찾을 것인가의 문제로 승화하였다. 이제 일반 국민들이 한국 농업의 미래를 위해 무언가 실천적인 행동에 나서야 할 때이다. 도회지 곳곳에서 텃밭을 일구고, 상자밭과 옥상 및 베란다에서 농사를 지으며 채소와 꽃나무를 직접 심고 가꿔야 할 것 같다. 모두 도시농부로 탈바꿈하여야 그나마 숨통이 트여 살 것만 같다.

우리 도시농업의 역사와 현황, 그리고 과제

안철환 (도시농업시민협의회 상임대표)

도시농업이 우리 삶의 새로운 유행이 되고 있다. 이 속에는 우려와 희망이 동시에 섞여 있다. 우리나라 사람들은 무엇을 하든 빠르고 화끈하다. 뭘 하나 해도 조금 해 놓고서 마치 큰일이나 이뤄 놓은 것처럼 시끄럽다. 도시농업도 그렇다. 지금의 들뜬 분위기로 봐서는 세계 최고의 도시농업을 구가하고 있는 듯하다. 그러나 현실은 어떠한가? 도시농업으로 유명한 캐나다 밴쿠버의 예를 들어보자. 밴쿠버는 2008년 동계 올림픽을 기점으로 도시 내 2,008개의 도시 텃밭을 조성했다. 뉴욕만 해도 800~900개에 달한다. 그런데 박원순 시장이 들어서서 도시농업이 활성화되고 있는 우리 수도 서울의 도시 텃밭은 과연 몇 개나 될까? 1990년대부터 있어 왔던 서울 외곽 지역의 주말농장까지 합쳐서 잘해야 100여 개 남짓한 정도이며, 박원순 시장이 취임한 이후 조성된 농장은 고작 20

여 개 정도이다. 게다가 우리의 도시농업은 농사 아닌 활동이 많다. 작년 전국 도시농업 박람회에서부터 매년 박람회 행사가 많은 도시에서 열리고 있고, 지난해 도시농업 심포지엄과 세미나도 서울에서만 10여 차례나 열렸다. 농사짓자고 하는 일인데 농사짓기와 관계없는 일이 너무 많다는 생각이 들 정도로 각종 회의가 많았다.

물론 농사 외적인 일이 많다고 해서 농사를 짓지 않는 것은 아니다. 어디에서든 농장을 개장하여 농사지을 회원들을 모집하는 공고를 하면 바로 만원 매진이다. 보통은 모집자 수 10배 이상의 신청자가 몰린다. 땅이 없어 상자에 흙을 담아 작물을 키우는 상자 텃밭도 분양 공고를 내면 장사진을 이루기 십상이고, 코딱지만 한 자투리땅만 있으면 고추나 상추 모종을 사다 꽂아 키워 먹는 일이 다반사다. 가히 농경민족의 후예답게 지금 우리 사회에는 농사 열풍이 불고 있는 것 같다. 서울과 수도권 및 광역시마다 열리고 있는 도시농부학교에는 농사를 배우려고 하는 사람들이 끊임없이 이어진다.

문제는 도시에 농사짓고자 하는 사람들은 넘쳐나는데 땅이 없다는 사실이다. 농사의 열기를 담을 땅이 없으니 농사 외적인 행사가 많은 것은 자연스런 일일지 모른다. 그럼 땅이 턱없이 모자란 도시에서 왜 이렇게 농사 열풍이 불게 된 것일까?

도시에서 농사 열풍이 분 이유

도시농업의 바람이 직접적으로 불기 시작한 것은 2008년 미국 광우병 소고기 수입 파동으로 일어난 촛불 시위 이후부터라고 할 수 있다. 미국 소고기의 수입을 촛불 시위는 막지 못했지만, 그로 인해 우리 밥상에 대한 위기의식은 촛불 시위 이상으로 번져갔다. 초기에는 밥상에 대한 불안감이 친환경 유기농산물의 소비를 촉진시키더니 급기야 내가 먹을 것은 내가 직접 키워 먹겠다는 도시농업에 대한 의지로 확산된 것이다.

그럼 우리 밥상은 왜 불안해진 것일까? 농약 때문에? 물론 그것도 있을 것이다. 그러나 그보다는 미국 소고기에 대한 불안감이 상징하듯이, 내가 알지 못하는 농부가 내가 알 수 없는 농사 방식으로 생산해 먼 타국에서 어떤 과정을 거친지도 모르는 먹을거리가 내 밥상에 올라오기 때문일 것이다. 그 과정에서 숱한 농약과 그보다 더 무서운 처리 과정을 거쳐 내 입으로 들어올 것을 생각하니 불안하지 않을 수 없는 것이다.

수입 농산물에 대한 불신을 더욱 키운 것은 중국에서 건너오는 농산물이었다. 끝없이 불거져 나오는 중국산 불량 농산물 뉴스 등으로 중국산 농산물은 '나쁜 먹을거리'의 대명사가 되었다. 덩달아 중국뿐만 아니라 미국산도 포함해서 수입 농산물을 믿지 못하는 풍조로 확산되었고, 역시 국산 음식물이 우리에게는 최고라는 신토불이 사상을 뿌리내리게 했다. 물론 그중에서도 친환경유기농산물이 더 최고겠지만 그렇지 않더라도 국산 농산물이면 믿을 만하다는 인식이 퍼져간 것이다.

다음으로 도시농업 열풍에 더 불을 당긴 것은 2009년 가을 배추 파동이었다. 배추 한 포기 값이 1만 5천 원까지 급등하자 배추가 금추가 되었고, 일반 서민들은 도저히 비싼 배추를 사 먹을 엄두를 못내 직접 키워 먹겠다는 의지를 불살랐다.

이렇게 우리 도시농업의 배경에는 안전한 먹을거리에 대한 자급 의지가 있었다. 물조차 돈 주고 사 먹는 완벽한 소비 도시에서 한 줌의 자급 운동 바람이 불기 시작한 것이다. 이것이 한국 도시농업의 특징을 이루는 큰 계기였다.

유럽을 비롯한 선진국의 도시농업은 사뭇 이와 달랐다. 도시농업의 역사가 제일 긴 영국의 경우 산업화와 도시화의 부작용이라는 배경이 크게 작용했다. 얼랏먼트(allotment)라는 영국의 도시농업은 도시의 슬럼화로 인한 빈곤층의 증가로 그들의 먹을거리를 해결해주는 식량복지 차원에서 시작되었다. 또한 도시로 밀려든 빈곤층 대부분이 농민 출신이어서 먹을거리를 무료로 공급해주기보다는 스스로 농사지어 자급하게 하는 복지 정책을 펼친 것이다. 이렇게 보면 영국도 자급운동의 측면이 엿보이기는 한다. 아마 자급이야말로 농사의 근본이기 때문일 것이라 생각된다.

하지만 우리와는 사정이 완전히 달랐다. 우리는 식량 자급률이 20%대에 불과하여 대부분의 먹을거리를 수입에 의존하고 있는 상황이 자급운동을 불러일으킨 반면, 영국은 자급률이 100%를 넘기 때문에 그 배경이 같을 수가 없다. 그래서 영국의 얼랏먼트에서는 친환경 유기농사라는 성격이 우리처럼 크게 두드러지지 않았다. 그들은 밥상의 불안감 때문에 농사지었다기보다는 밥상의 빈곤 때문에 농사를 짓게 되었다고 보는 게 맞을 것이다. 식량 자급률이 높은데도 빈곤한 것은 계급의 양극화로 사회적 빈곤층이 확대되었기 때문이다.

반면 매우 낮은 우리의 식량 자급률을 언뜻 보면 밥상의 빈곤이 더 큰 문제이지 않겠냐 하겠지만, 저가의 저질 농산물이 끝없이 수입되어 우리 밥상을 장악하고 있기 때문에 전혀 문제가 되질 않았다. 아이러니하게도 우리 밥상에는 음식물이 넘쳐나서 문제였다. 다만 믿을 수 없는 것이 탈이었다. 그래서 우리 도시농업의 배경에는 수입 자유화로 인한 농업의 붕

괴라는 엄연한 현실이 근본적으로 자리하고 있다. 이것이 서구 선진국과 근본적으로 다른 점이었다.

도시농업 운동의 역사

1992년 서울에서 시작된 주말농장은 꽤나 시민들에게 각광을 받았다. 서울농업기술센터가 주도한 주말농장은 농업기술센터의 새로운 정체성의 근거가 되었다. "농지가 사라져가고 있는 서울에 웬 농업기술센터인가?"라며 센터를 없애려 했던 당시 이명박 서울시장의 정책을 무산시킨 것에는 주말농장의 확산이 한몫했다.

그러나 주말농장은 곧 한계에 부딪혔다. 서울 내에 농지가 부족하자 인근 경기도 농지에 대규모 주말농장을 조성해 시민에게 분양했는데 주말이면 교통정체로 인해 농장 접근성이 매우 곤란했던 것이다. 더불어 주말농장에선 친환경 유기농 원칙이 확립되어 있지 않아 안전한 먹을거리를 생산하고자 했던 시민들의 욕구를 채워주지 못했던 것도 큰 원인이 되었다. 공무원들이 주도했기 때문에 애초부터 운동성을 가지기 힘든 한계도 빠뜨릴 수 없는 원인이었다. 아마도 주말농장이라는 이름 자체의 의미가 현실 개혁보다는 현실 안주에 더 무게를 두고 있어 그 한계를 스스로 드러낸 것일지도 모른다.

바야흐로 도시농업이 도시를 바꿔가는 새로운 녹색운동, 자급운동으로 시작된 것은 민간에서였다. 2004년 (사)전국귀농운동본부에서 귀농 실습지로 시작한 도시농업이 바로 그것이었다. 처음엔 분명 도시농업이라는 이름을 내걸지 않고 소박하게 귀농 실습지로 시작했다. 경기도 안산과 군포와 고양에서였다. 그런데 귀농 실습지에서 재미있는 일이 일어났다. 정작 실습지에서 지속적으로 농사지은 사람들은 귀농자보다 귀농하지 않고 도시에서 농사짓고 싶어 하는 도시 사람들이 더 많았다. 귀농자들은 조금만 배우고 금방 시골로 떠났다. 5~10평의 조그만 땅이 성에 차지 않았던 것이다.

결국 농사가 절실한 사람은 귀농자보다는 도시 사람들이라는 얘기다. 귀농자들이야 농지가 넘쳐나는 농촌으로 내려가면 바로 농사 욕구를 해결할 수 있지만 점점 농지도 사라지고 녹색도 사라지고 온통 시멘트 콘크리트로 덮여 생명이 사라지고 있는 도시야말로 농사가 더욱 간절할 수 있다고 본 것이다. 이때 우연히 만난 『생태도시 아바나의 탄생』이라는 쿠바의 도시농업 책을 보면서 "아! 바로 이거다. 도시농업!" 하며 손뼉을 쳤다. 바야흐로 도시농업이라는 개념이 태동되기 시작한 것이다.

2005년 봄, 처음으로 도시농부학교를 열었다. 그동안 귀농운동본부에서 진행해온 귀농학교의 노하우가 큰 힘이 되었다. 철학과 교양에 치우친 귀농학교와 달리 철학도 겸하면서 구체적인 재배법이 중심이 된 도시농부학교가 당장의 농사 욕구를 채워주는 큰 역할을 했다. 이 도시농부학교에서 배출된 사람들이 우리 도시농업의 주역들이 될 것이라고는 당시 사람들도 전혀 예상하지 못했다. 당시에는 귀농한다고 하면 '루저(loser)'로 쳐다보던 시절이라 민간 단체에서도 변방에 불과했던 귀농운동본부라는 조그만 단체에서, 그것도 너무나 낯선 도시농업을 한다고 하니 얼마나 돈키호테처럼 보았을지는 쉽게 상상할 수 있는 일이었다.

그럼에도 천천히 귀농운동본부의 도시농업은 발전해갔다. 시민농장도 경기도 군포, 안산, 고양에서 시작한 것이 퇴계원, 수원, 시흥으로 확대되면서 이후 도시농업 열풍의 기초를 조용히 닦아갔다. 그리고 조용한 도시농업 바람에 처음으로 가세한 단체가 있었으니 바로 인천의 도시농업네트워크였다. 인천의 도시농업네트워크는 참으로 우리 도시농업 운동의 한 기둥을 받쳐온 역할을 든든히 했다.

변방의 운동에 불과했던 도시농업이 대중적으로 주목받기 시작한 것은 바로 '상자 텃밭' 보급 사업 이후였다. 땅이 없는 도시에서 농사는 무슨 농사냐, 씨알도 먹히지 않는 얘기하지 마라 하던 시절에 상자 텃밭은 그야말로 대박이었다. 처음 대학로에서 시작한 상자 텃밭은 우리도 예상치 못할 정도로 많은 사람들을 줄지어 세웠다. 그리고 상자 텃밭 보급 전국 투어를 광역도시 중심으로 전개하면서 도시농업을 전국으로 알리는 계기가 되었다. 이 일은 당시 토지 공사의 초록사회만들기 프로젝트 기금을 받아 시작된 일인데, 토지를 다루는 공사에서 토지가 없어 상자를 보급했던 것도 지금 생각하니 아이러니였던 것 같다.

이후 상자 텃밭은 서울 청계광장에서 (재)서울그린트러스트라는 민간단체와 결합해 상자 텃밭을 시민단체와 시민들에게 보급하게 함으로써 도시농업의 불길을 당겼다. 그리고 상자 텃밭은 마치 도시농업의 아이콘처럼 많은 사람들에게 인기를 끌게 되었다. 조그만 자투리 공간이면 어디든 갖다 놓고 작물을 키울 수 있는 데다가, 옥상에 비싼 돈 들여 녹지를 조성하지 않고도 농사를 지을 수 있게 되었으니 그 파급력은 대단했다.

그러나 상자 텃밭은 도시농업을 확대한 일등 공신이면서 도시농업의 방향을 왜곡시키는 부정적인 역할도 하였다. 상자로 쓰인 용기들이 대부분 플라스틱이었고 흙 대용으로 쓰는 피트모스 펄라이트라는 인공 흙들이 죄다 수입한 것들이어서 에너지와 비용 낭비, 탄소 배출의 산물들이었다. 농사도 잘되질 않고 맛도 떨어져 자칫 쉽게 농사를 포기하게 만들거나 쓰레기로 전락할 가능성이 많았다. 자칫하면 도시농업의 무덤이 될지도 모를 만큼 그 위험성은 보급되는 만큼 커져갔다.

관의 참여

2009년 농촌진흥청에 도시농업팀이 신설되고 같은 해 가을 농진청이 주도하여 (사)한국도시농업연구회가 창립된 이후 관의 도시농업 참여가 매우 활발해지기 시작했다. 경기도농업기술원에서도 도시농업팀을 설치하여 매우 활발하게 활동하고 있으며 전국 각 지역 특히 도시지역의 농업기술센터에서도 도시농업팀이나 업무를 두어 활발하게 관 주도형 도시농업을 이끌고 있다. 경기도의 경우처럼 도시화가 가속되어 관내 농업인보다 도시인이 더 많아지자 농업기술센터가 농업인 대상보다 도시민 대상의 농사 교육을 통해 새로운 활로를 찾기 시작한 것이다.

관의 참여는 도시농업 지원 조례 제정이 큰 계기가 되었다. 경기도 광명시에서 최초의 도시농업 조례가 만들어진 이후, 수원시 서울 송파 전라 광주로 이어져 2012년 현재 25개의 조례가 전국 각지에서 골고루 제정되었다. 급기야 2011년 가을에는 국회에서 도시농업 육성 법률이 만들어지는 일까지 벌어졌다. 민간의 운동이 제도의 개선 및 창출로 이어진 것이다.

아마 관주도의 도시농업이 더욱 힘을 받은 것은 도시농업에 적극적인 의지를 가진 단체장의 등장 때문이었을 것이다. 대표적인 사례가 서울 강동구였다.

강동구는 구청장의 적극적인 환경 정책 의지로 매우 앞선 환경 도시를 만들어가고 있었다. 그리고 2009년 말 강동구 공무원 중 예비 은퇴자 대상으로 귀농교육을 (사)전국귀농운동본부의 텃밭보급소(이하 텃밭보급소)가 맡게 되었고, 이때 텃밭보급소는 농지가 많이 남아 있는 강동구야말로 도시농업의 적지임을 강동구에 제안하게 되었다. 농지도 많이 남아 있을 뿐만 아니라 그동안 적극 환경 정책을 추진하고 있던 차에 구청장은 이 둘을 결합해 강동구를 친환경 도시농업 도시로 만들 의지를 천명하고 2010년 봄 둔촌동에 서울 최초의 도시 텃밭을 도심 주택가 한복판에 개설했다. 반응은 말 그대로 불티가 났다. 분양 공고가 인터넷에 뜨자마자 단 5분 만에 매진되고 말았다. 본격적인 도시농업, 도시 텃밭으로는 서울 최초만이 아니라 전국 최초의 일이었다. 말이 관 주도이지 강동구의 도시농업은 정확히 말하면 민간과 관의 결합이 낳은 산물이었다. 그리고 강동구 바로 옆인 송파구에서 2010년 가을 도시 텃밭을 열면서 도시 텃밭의 바람을 이어갔다. 이 또한 서울그린트러스트라는 민간단체와의 협력으로 만들어진 결과였다.

2011년 재보선으로 등장한 박원순 서울시장의 도시농업 정책은 가히 폭발적이었다. 2012년 광화문 한복판에서 상자 논을 만들더니 한강대교 노들섬에서 5천여 평의 노들 텃밭을 만들어 도시농업 바람을 주도해갔다. 2012년은 노들 텃밭만이 아니라 곳곳에서 도시농업 지원 조례에 근거해 도시 텃밭이 만들어지는 해였다. 마포구의 상암두레 텃밭과 금천구의 시민텃밭에서부터, 도봉구, 성북구를 거쳐 최초의 농업 공원이 은평구

갈현습지공원에서 조성되기에 이르렀다. 바람은 계속 이어져 경기도 광명시에서 토지주택공사의 땅을 임대하여 조성한 시민 주말농장이 광명 시민들의 환호와 함께 개장되었다. 이 또한 광명에서 도시농업 조례를 주도하고 근교에서 도시농업을 이끌어온 광명 텃밭보급소가 협력해 이뤄진 것이었다. 경기도 도시농업 바람은 사실 서울보다 더 컸음에도 언론의 주목은 덜 받으며 이어졌다. 경기도 안산에서는 규모로는 단연 최대인 2만평의 부지에다 도시 텃밭 주말농장을 개설했으며 수원시, 김포시, 부천시에서도 처음으로 시민농장이 개설되기 시작했다.

지방에서는 수도권만큼 그 바람이 주목받지는 않았으나 역시 새로운 트렌드로 각광받으며 지방의 도시농업 붐을 이어갔다. 대전과 대구, 부산 그리고 전주와 광주로 확산되어간 것이다. 여기에는 관의 지원도 적지 않았지만 역시 환경, 풀뿌리 지역 민간단체들의 힘이 컸다. 이런 힘들이 2012년 총 결집하여 전국적인 도시농업 협의체 창설을 이끌게 되었으니 가히 2012년은 한국 도시농업의 큰 분수령이었다 할 만했다.

도시농업 민간단체들의 활동

2012년 3월 8일 서울에서 도시농업시민협의회라는 도시농업 관련 단체들의 전국 협의체가 창설되었다. 서울을 중심으로 경기도, 대전, 부산, 광주 등에서 환경단체, 시민단체, 풀뿌리 공동체 단체, 귀농단체들이 참여했다. 도시농업시민협의에 가입한 단체만 31개에 이르렀고 여기에는 텃밭보급소를 비롯해 서울그린트러스트, 인천도시농업네트워크, 여성 일과 미래, 여성 환경연대, 서울환경운동연합에서부터 대전 도시농부학교, 대전 도시 텃밭연대, 대구 녹색소비자연대, 대구 사회연구소, 부산 도시농업시민협의회와 부산 귀농학교, 광주 귀농학교 등이 참여하고 있다. 부산은 11개의 지역 시민, 환경, 공동체 단체가 참여하여 2011년 말에 전국 최초의 지역 협의체를 만들었다. 그리고 경기도에서도 2012년 5월 23일 도시농업 육성법 발효일에 맞춰 11개 단체가 참여하여 경기도 도시농업시민협의회를 창설했다. 도시농업은 민간단체들이 나서서 민간 주도로 이끌어가겠다는 의지의 천명이었다.

  도시농업시민협의회는 우리 도시농업 운동의 성격을 창립 선언문을 통해 분명히 천명했다. 그것은 한 모금의 물과 밥조차 외부에 철저히 의존해야 하는 사막 같은 도시에서 농사를 통해 생명으로서 권리와 의무를 다해 도시를 자립하고 순환하는 공동체로 복원하겠다는 선언이었다. 그리고 그 의지는 각자의 지역에서 활발히 농부학교를 열어 농부들을 길러내고 도시의 버려진 땅, 쓰레기와 콘크리트로 숨 막힌 땅, 생명이 없는 학교와 옥상에서 생명의 텃밭을 일구는 운동으로 전개되어 갔다. 한해 숨가쁘게 곳곳에서 호미와 낫으로 생명을 일구던 도시농부들은 급기야 대선을 치른 다음날 대구벌에 모여 최초의 '도시농부 전국대회'를 개최하기에 이르렀다. 온 국민이 홍역 앓듯 큰일을 치른 다음날이어서 축하를 하는 사람들이나 '멘붕'을 겪은 사람들 모두 별 관심이 없을 줄 알았던 대구 대회는 전국에서 150여 명에 가까운 도시농부들이 모여 성황리에 치르게 되었다. 20여 개의 도시농업 사례 발표는 대회의 절정을 이루었다. 다양한 곳에서 자기와 같은 고민과 자기와 다른 선진 경험을 들으면서 많은 감동과 배움을 겪었다.

민간이 주도하고 우리 농업을 살리는 도시농업

우리의 도시농업은 쿠바나 제3세계의 생계형 도시농업과는 분명 다를 것이다. 또한 유럽의 선진국처럼 취미나 여가를 즐기는 농업과는 더더욱 달라야 한다. 어떻게 보면 20%대 이하로 추락할 위험이 다분한 우리의 식량 자급률을 볼 때 생계형 도시농업을 부러워해야 할지도 모른다. 경제적으로 잘살게 되었다고 우쭐거리며 고상한 취미나 여가를 즐길 때가 아닌 것이다.

우리의 도시농업은 다가올 식량 위기, 에너지 위기, 기후 변화로 인한 잦은 자연재해를 대비하는 노아의 방주 운동이어야 한다. 지금처럼 자유무역, 신자유주의의 번성으로 농업이 붕괴하게 되면 우리 농촌에 먹을거리가 사라질 것이다. 휴대폰이나 자동차, 컴퓨터를 팔아 돈 주고 사먹으면 되겠지 하는 안이한 생각은 정말로 위험한 발상이다. 식량 위기는 우리에게만 찾아오는 것이 아니다. 식량 수출국들이 지금처럼 변함없이 식량을 팔 것이라고 생각하면 정말 큰 오산이다. 이런 생각을 가진 사람들에게 나라를 맡겨야 하니 참으로 불행한 일이다.

지금처럼 철저히 소비만 하는 도시는 너무나도 위험천만이다. 철저한 비자립적 도시였던 로마의 멸망을 교훈삼아야 한다. 쓰레기를 대량으로 양산하는 도시는 나쁜 도시다. 이제 도시를 자립하는 도시, 쓰레기를 순환하고 재생하는 도시, 그래서 생명이 살고 공동체가 복원되는 도시로 바꾸지 않으면 우리의 미래는 어둡기만 할 것이다.

이런 상황에서 요즘 이상한 도시농업이 유령처럼 우리 주변을 떠돌고 있다. 바로 식물 공장이 그것이다. 땅이 없다는 명분으로, 제일 안전한 농산물이라는 궤변을 늘어놓으며 엄청난 재정과 에너지 그리고 탄소를 배출하는 식물 공장을 도시농업의 상징인 양 남들 눈에 띄지 않는 곳에서 암중모색하며 양지로 등장시킬 준비를 하고 있다. 그러나 자연환경과 천적을 철저히 배제하고 무균실에서 인공 조명과 화학적인 양액으로 재배하는 것이 농사일 수는 없다. 농사란 인간이 자연을 이용하면서 자연을 보호하는 최소한의 실천이며 그것을 통해 뭇 생명이 함께 공동체로 살아가는 삶이자 문화이다. 이런 농사의 다원적 기능을 철저히 무시하고 오로지 입에 들어가는 먹을거리로만 여기는 농사는 먹신들이 아니면 상상할 수 없는 일이다. 다행히 우리 친환경 유기농 육성법에 따르면 식물 공장의 먹을거리는 유기재배, 무농약 농산물로 인정받을 수 없게 되어 있으니 한계는 뚜렷하다.

하여튼 식물 공장은 우리 농업을 살리는 것도, 농민을 위한 것도, 도시 사람을 위한 것도 아니다. 오직 건설업체, 전기, 화학제품 업체를 위한 것일 뿐, 그것이 도시 환경을 생태적으로 바꿀 리 만무하고, 도시에 공동체를 복원할 리 만무하고, 나아가 우리 농업을 살리는 데 기여할 리도 만무하다. 오직 남극 같은 극한 상황에서나 불가피하게 지어 먹는 농사 형태이지 멀쩡한 햇빛을 가리고 인공 조명으로, 멀쩡한 흙과 거름을 팽개치고 화학적인 양액으로 재배해서 먹는다니 기가 막힐 노릇이다. 아마 무균실에서 키울 것이니 깨끗하기는 할 것이다. 그렇게 깨끗한 것에 집착을 하면 사람도 무균실에서 사는 게 나을지 모를 것이다. 한마디로 "왜 사나요?" 하고 물어볼 수밖에 없다.

우리가 농경민족의 후예인 것을 증명이나 하듯 곳곳에서 농사 열풍이

다. 아마도 그것은 좋은 것을 먹겠다는 의지도 있겠지만 더 깊은 내면에는 흙을 밟으면서 살고픈 귀소 본능의 열망이 강하게 똬리를 틀고 있을 것이다. 어디 흙만 밟고프겠는가? 만지고 비비고 그래서 무언가 하나라도 심어 먹으며 흙과 함께하고픈 원초적 본능이 깊게 자리하고 있는 것이리라. 중앙아시아 초원 지대에 가보면 빈 땅에 무어라도 심어 먹는 사람들은 대부분 우리 교포들이란다. 그만큼 우리에게는 경작 본능이 유전자에 각인되어 있는 것 같다.

그런데 도시에 땅이 없다. 방치되고 있는 땅은 많은데 법과 제도가 뒷받침되지 않아 농지로 활용할 방법이 없다. 지금 그나마 확산되고 있는 도시 텃밭들은 거의 다 불법 임대 땅이거나 임시 땅들이다. 단체장이 바뀌어 정책이 바뀌면 금방 다른 땅으로 전용될 땅들이다. 그렇다고 법과 제도가 바뀌길 멍하니 기다릴 수만은 없다. 다시 한 번 힘을 모아 땅 찾기, 땅 살리기 운동을 벌여야 한다. 땅과 함께 건강한 농부 되기 운동을 벌이는 것과 함께 앞으로는 분명 우리 도시농업 운동의 새로운 질적 도약기가 될 것이라 기대하며 글을 맺는다.

도시농업,
지속가능성을 향한 혁신

이해식(서울시 강동구청장)

"*나는 농사를 짓는다.*" 지난 2010년 강동구에서 친환경 도시농업을 시작한 이후, 누군가 나에 대해 물으면 꼭 대답하고 싶은 말이다. 농사를 짓는다는 행위가 나의 정체성 가운데 일부로 자리를 잡았으면 하는 소망도 품게 되었다. 우연하게도 이때쯤 나는 '짓다'라는 단어의 맛에 심취해 있었다. 우리 삶의 기본을 이루는 의(衣)·식(食)·주(住)는 모두 '짓다'라는 동사와 짝을 이룬다. '밥을 짓다,' '옷을 짓다,' '집을 짓다'. 무언가를 '짓는' 것은 삶의 뿌리다. 집이나 옷을 짓는 일은 엄두도 내질 못했고 밥조차도 몇 번 끼니를 때우듯 해치웠을 뿐이지만, 나는 지금 농사를 짓는다.

우리는 삶에 반드시 필요한 것들을 '짓는다.' '짓다'에는 긴급성이나 물리적 요소만을 뜻하는 것 이외에도 눈에 보이지 않는 깊이와 정서가 배어 있다. 그것을 나는 장인정신이라고 표현한다. 밥을 '하다'와 밥을 '짓다'는 입에 감기는 밥의 맛이 사뭇 다르다. 가게에서 '만든' 옷은 몇 계절 돌고 나면 식상해지지만, 어릴 적 어머니가 '지어주셨던' 옷은 평생 그 온기를 지닌다. 뚝딱 '세워진' 집은 오르고 내리는 가격이 중요한 재산이지만, 누군가가 '지은' 집은 해가 갈수록 가족의 행복과 추억이 깃든다. 그러한 의미에서 농사를 '짓는' 것은 삶과 가장 밀접한 노동이자 자연과의 호흡을 맞춰 가며 정성을 들여야 하는 장인의 예술 작업에 해당한다.

밥과 옷, 집, 농사가 몸을 움직여 '짓는' 것이라면 글은 생각을 움직여 '짓는다'. 글짓기에 대해 한 작가는 이런 말을 했다. "문득 좋은 생각이 번득여 적으려고 보니 종이가 없더라. 종이를 구해 왔더니, 이번엔 옮겨 쓸 펜이 보이지 않았다. 얼른 펜을 찾아와 자리에 앉았으나…… 아뿔싸, 아까 그 생각은 이미 달아나버렸네." 찰나에 스치는 생각을 잡아둘 도구의 중요성을 말하는 동시에 잡힐 듯 달아나버리는 떠오름, 연기처럼 사라지는 생각에 대한 야속함을 말하는 게 아닐까?

농사도 이와 비슷하다. '농사나 지어볼까?' 하는 소망이 생기더라도 건물과 아스팔트로 뒤덮인 천만 인구의 도시에서 농사를 지을 수 있는 땅을 구하기가 어려워 포기하게 된다. 작게라도 농사를 짓자니 기술도 없을 뿐더러 시간도 부족하다. 결국 농사짓기나 글짓기나 매한가지이다. 품고 있는 생각을 펼쳐낼 기반이 있어야 하고, 그 기반이 갖춰진 후에는 직접 행동으로 옮길 만한 열정과 헌신, 끈기가 뒷받침되어야만 결실을 맺을 수 있다.

이 '글짓기'는 강동구의 '농사짓기'에 관한 것이다. 모두가 꿈만 꾸었지 실현하지 못했던 도시농업에 대한 이야기이며, 이 꿈을 현실화하기 위해 땅을 구하고 주민들을 도시농부로 이끈 4년간의 노력, 땀방울의 흔적이다.

특명, 땅을 찾아라!

'알면 보이고, 보이면 사랑하게 되나니, 그때 보이는 것은 이미 예전과 같지 않으리라.' 유홍준 교수의 『나의 문화유산 답사기』에 나오는 문구다. 가만히 들여다보니 농사지을 땅을 확보해온 과정과 그 성과를 집약한 문장인 것만 같다.

강동구의 최대 역점 사업으로 친환경 도시농업을 추진하려는 계획을 세우자마자 난관에 부딪혔다. 농사의 핵심인 땅, 텃밭 부지를 구할 수 없었기 때문이다. 해당 부서(당시 지역경제과)에서는 빈 땅을 찾으려 동분서주했다. 국·공유지를 관리하는 부서에서 텃밭으로 사용할 수 있는 땅이 있는지 샅샅이 조사했지만 그럴 만한 곳이 없다는 답이 돌아왔다. 기존에 운영되던 주말농장과 지역의 몇몇 농가의 부지를 제외하면 대부분 용도가 한정된 개발제한구역이었고, 쓸 수 없는 땅이었다. 실망도 컸지만, 그보다 도시농업을 정책으로 실현할 수 있을지 걱정도 늘어갔다.

급한 대로 일단 사유지로 눈을 돌렸다. 다행히 규모가 적당한 땅이 둔촌동에 있었다. 관리인을 찾아가 구청에 임대해줄 것을 설득해 허락을 받았다. 땅을 구한 기쁨도 잠시, 당시만 해도 말이 텃밭이지 10년 이상 방치되었던 습지여서 농사를 지을 수 없는 상태였다. 습지 지대라 심한 곳은 발목까지 푹푹 빠질 만큼 질퍽하고, 돌멩이부터 바위까지 땅 곳곳에 빼곡히 박혀 있었다. 버려진 쓰레기도 한가득 쌓여 있었다.

그래도 농사지을 땅을 구한 게 어디인가? 엄살 부릴 겨를도 없이 대대적인 개간에 들어갔다. 직원들과 중장비가 총동원됐다. 모르는 사람이 봤다면 '건물을 짓나' 생각했을지도 모른다. 한 달 넘게 개간을 마친 땅에 길을 내고 두둑을 쌓으니 얼추 텃밭의 모양이 갖추어졌다. 그러나 텃밭은 건물과 달라서 아무리 그럴듯하게 조성한다 해도 농사를 지은 시간이 더해져야 진짜 텃밭으로 거듭난다. 그렇게 부족한 2%를 채워줄 참여자들을 기다리며 우리는 무사히 강동구 제1호이자 서울시 최초로 '친환경 공공텃밭' 226구좌(6,411제곱미터)를 개장했다.

텃밭을 분양하자 주민들의 반응은 뜨거웠다. 안내가 나가자마자 문의 전화가 빗발쳤고, 접수창구를 연 지 세 시간 만에 분양이 끝났다. 얼마나 사람들이 몰렸는지 구청 홈페이지가 먹통이 되는 바람에 시간을 놓친 주민들의 거센 항의도 받아야 했다. 개장식 때 만난 한 주민은 아파트 분양받은 것보다 더 기쁘다며 아이처럼 밝게 웃었다. 강동구의 공공텃밭은 경직된 도시에 조용히, 그러나 강한 충격을 안겼다. 조직생활에 익숙한 직장인, 아스팔트에 잘 길들여진 도시민처럼 보였던 사람들의 '농사 본능'을 흔들어 깨운 것이다. 주민들의 욕구를 절반이라도 충족시키려면 226구좌로는 어림도 없었다. 도시농부들이 농사의 기쁨을 누리는 동안 우리는 다시 땅을 찾으러 나서야 했다. 차로 이동할 때면 창밖으로 고개를 빼고 텃밭을 할 만한 땅이 없는지 두리번거리기도 했다. 모두의 부러움을 사는 금싸라기 땅이나 건물은 눈에 들어오지도 않았다. 오로지 텃밭뿐이었다.

사람들의 목소리에 귀를 기울이다

앞서 인용구에서처럼 모든 것은 '알면 보인다'. 텃밭용 땅도 마찬가지이다. 농사를 알면 그것을 실현할 장소도 저절로 눈에 띌 테니 말이다. 텃밭은 주민들에게도 생소했지만, 땅의 용도를 판단하고 활용하는 공무원들에게는 더욱 낯선 개념이었다. 처음 국·공유지의 전수조사를 했을 때에는 텃밭 대상지가 전혀 없다는 결과를 받았지만, 다시 한 번 조사하기로 했다. 이번에는 시유지도 포함되었다. 강동구 제일 끝자락, 강일동 한강변의 폐천부지 두 곳을 찾아냈다. 말 그대로 버려진 땅이었는데 곧바로 사용할 수는 없었다. 땅이 비어 있는 동안 몇몇 단체와 주민들이 그곳을 점유했기 때문이다. 예전 같으면 퇴거 처분을 하고 말았을 테지만 우리는 이들과 함께 가는 길을 택했다. 점유해온 분들에게 텃밭 조성의 필요성을 자세히 설명하고 이해를 구하면서, 거세게 항의하는 이들의 하소연에 귀를 기울이며 오랜 시간 대화했다. 그 결과 항의하던 이들이 텃밭을 조성하는 데 가장 많이 힘을 보태주었다. 구에서도 복지 차원의 텃밭 일부를 제공하고 수확물을 기부받는 '누이 좋고 매부 좋은' 공동체 텃밭(6,230제곱미터/10,356제곱미터)을 일구는 데 성공했다. 농사란 생명을 키우는 행위이기에 갈등보다는 상생을, 결과에 앞서 과정을 중요시하는 원칙을 개간 과정에서도 지켰다. 이러한 의미에 맞게 2011년 개장한 강일동 텃밭은 꽤 많은 구좌를 다문화가정이나 다자녀가정, 장애인, 어르신 등을 위해 할애했다.

텃밭용 땅을 찾는 게 절대 불가능하다던 직원들도 하나하나 이루어져 가는 구체적인 결실을 보면서 용기와 힘을 얻었다. '알면 보이고, 보이면 사랑하게 되는' 것처럼, 직원들은 이제 자발적으로 주민들에게 물어가며 동네마다 숨은 공간을 찾아냈다. 그야말로 '땅을 사랑'하고 땅의 소중함을 알게 된 것이다. 2011년 4월에는 고덕동과 암사동, 둔촌동, 강일동, 4개 권역(총 20,962제곱미터)을, 2012년 초에는 가래여울(10,356제곱미터)과 길동(4,761제곱미터) 텃밭을 정비했다.

이처럼 버려진 땅이 텃밭으로 변신해 생명을 얻는 과정은 감동을 느끼게 한다. 2012년 초에는 암사동 주민들의 고질적 민원이었던 쓰레기 문제를 도시농업으로 해결하기도 했다. 토지 소유주가 땅을 방치한 사이 그곳은 온갖 고물과 대형 쓰레기가 산처럼 쌓이게 되었다. 악취는 물론 벌레까지 들끓어 주변 주민들이 여름에 창문도 제대로 열지 못할 만큼 사태가 심각했다. 조치를 요구했더니 쓰레기 처리비용만으로도 어마어마해 토지주도 난색을 표했다.

강동구가 제시한 해결책은 바로 '텃밭'이었다. 구청 청소 인력으로 쓰레기를 치워주는 대신 땅을 무상으로 사용하기로 한 것이다. 이곳을 텃논(2,100제곱미터)으로 조성해 서울시 최초로 생활 논농사를 짓는 도시농부들에게 분양했다. 이제 악취가 사라진 자리에는 황금빛 벼가 가득하고, 나비와 허수아비가 어우러져 운치를 더하고 있다. 국가보훈처 소유의 토

암사 텃논의 개간 전(좌)과 개간 후(우)의 모습.

지(9,657제곱미터)를 텃밭으로 사용하도록 승낙을 받은 것도 매우 큰 성과 중 하나다.

226구좌로 시작한 강동구의 친환경 도시농업은 2011년 830구좌, 2012년 2,300구좌로 급증해 올해 3,800구좌까지 규모를 키웠다. 그러나 텃밭 확보보다 더 큰 성과는 따로 있다. 관련 법들을 개정함으로써 앞으로 강동구는 물론 여러 자치단체에서 텃밭 조성이 용이하도록 물꼬를 튼 것이다. 보통 농사지을 빈 땅만 있으면 쉽게 농사지을 수 있을 거라고 생각하지만, 법의 장벽은 생각보다 높다. 일례로 텃밭에 교육장이나 편의시설을 설치할 수도 없을 뿐더러, 대규모 개발사업에 포함되어야 하는 녹지도 수목으로만 한정돼 있다. 국가에서 시행하는 농지은행제도는 임대수탁 기간이 5년이나 되기 때문에, 토지 소유자들이 굳이 텃밭으로 활용하려 나서지 않는 것도 걸림돌이다.

'알면 보이고, 보이면 사랑하게 되나니, 그때 보이는 것은 이미 예전과 같지 않으리라.' 맨주먹으로 시작한 도시농업이었다. 텃밭용 농지를 하나 둘 찾아내고 그에 대한 애정과 의지가 생겨나자, 이제는 단순히 땅을 찾는 노력에 그치지 않고 국가의 시스템을 개선하는 쪽으로 시선을 돌리게 되었다.

시행착오를 겪으면서 새롭게 만들거나 고칠 필요가 있다고 느낀 관련 법령 등을 총체적으로 정리하고 개선 방향을 정리했다. 이를 제11차 녹색성장위원회의 보고자료로 제출했고, 지난 2011년 6월에는 청와대에서 열린 보고회에 참석해 그 필요성을 알리고 협조를 구했다. 그중 하나가 「공원 및 녹지 등에 관한 법률」 중 도시공원의 세분에 '농업공원'을 신설하는 것이었고, 2013년 5월 22일 법률이 개정됐다. 얼마 전 개장한 강동구 도시농업공원은 이때 건의한 내용이 실현된 사례다.

　건축법의 조경 기준을 바꾸는 데도 큰 역할을 했다. 공동주택 등 대지면적 5,000제곱미터 이상 건축물에 설치하는 공동이용 텃밭의 경우, 그 면적의 1/2을 조경면적에 반영해줄 것을 제안했다. 서울시는 지난 2012년 11월 1일자로 건축조례를 개정했는데, 제안한 내용을 그대로 반영한 것이다. 이와 함께 강동구와 동대문구는 공동주택에 텃밭을 확대하기 위해 지역 여건에 맞는 지침을 만들어 권장하고 있다.[9] 세계 192개국, 3만 3천여 도시에서 여행자들의 숙박을 연결해주는 에어비앤비(AirBnB)의 창업자 브라이언 체스키(Brian Chesky)는 "3년 전엔 모두 우리를 미쳤다고 하더니 지금은 '왜 이 생각을 못했을까'라고들 한다"고 말했다. 2008년 도시농업을 공약으로 꺼내들었을 때 '서울에서 웬 농사냐'며 반문하는 사람이 많았다. 비싼 서울 땅에서 농사짓는 것은 비효율적이라며 고개를 저었고, 직원들조차 뜬금없다는 반응이었다. 그러나 4년이 지난 지금, 어떠한가? 수십 년 동안 버려진 땅을 농사용으로 개간해 오히려 효율성을 높였다. 구민들의 행복과 삶의 질은 돈으로 환산하기조차 어렵다. 견학 오는 수많은 지자체 공무원과 독일 등 선신도시 시민사회 전문가들도 감탄을 연발하며 배울 점을 꼼꼼히 적어간다. 얼마 전 출간된 『한국인만 모르는 다른 대한민국』의 저자인 경희대 후마니타스 칼리지의 임마누엘 페스트라이쉬(이만열) 교수는 이 책의 말미에 한국의 유기농법을 되살려야 한다고 주장하면서, "오늘날 도시 경작은 환경문제에 깊은 의식을 가

9　강동구: 소규모 건축물(일반 주택)도 옥상텃밭(상자텃밭)을 건축물당 최소 3세대 이상(7.2제곱미터 이상) 참여하도록 허가 조건 부여(2011.01.18.). 동대문구: 200제곱미터 이상 대지면적의 5~15% 이상의 조경면적을 법적으로 확보(식재하지 않고 텃밭만 조성했을 때는 법적 조경 면적 불인정).

진 선진국의 상징적 모습이다. 독일이나 핀란드, 네덜란드 등의 나라에서는 도시 경작이 활발하게 이루어진다"고 적었다. 나는 저자에게 이미 도시 경작이 대중화된 강동구를 소개하고 싶다.

농사짓고, 맛보고, 즐기고, 배우는 생활이 곧 농업 문화(Agriculture)

2013년 10월 8일, 앞서 언급한 강동구 도시농업공원이 문을 열었다. 이곳은 올해 초 공원법이 개정된 이후 전국에서 최초로 문을 연 '도시농업공원'이다. 모내기에서부터 벼 수확까지 논농사의 모든 과정을 직접 체험할 수 있는 체험장과 초가, 농기구, 가축 사육장, 원두막 등이 꾸며져 있다. 시골에서 농사짓는 작업 공간을 재현하는 것을 기본으로, '공원'의 쾌적함과 쉼터 기능, 식물 전시 기능을 더해 자연 휴식 공간으로 조성했다. 느릿한 걸음으로 논의 정취를 느끼고 은쑥과 곰취가 자라는 밭을 지나면 숲속 도서관이 나온다. 농사에 대한 관심과 궁금증을 가진 관람객을 위해 농업 관련 서적들을 비치해 두었다. 자연에서 농사짓고 책을 읽으니 옛 선비의 풍류에 비할 바가 아니다. 이렇게 공원을 한 바퀴 돌면 저절로 정신이 맑아지고 호흡이 가뿐해진다. 휴일 오후 공원에 들르자, 공원의 너른 풀밭에 나와 앉아 한가로이 휴식을 즐기고 있는 가족들이 보였다. 아이들은 시종일관 깔깔대며 뛰어놀았다. 그림자마저 편안히 늘어져 쉬는 평화로운 풍경은 마치 시골의 전원을 배경으로 한 영화의 한 장면 같았다. 이곳을 '힐링 코스'로 자신 있게 추천하고 싶다.

도시농업공원은 농사라는 활동을 노동의 하나로 국한하는 게 아니라, 호흡하듯 자연스럽게 삶에 깊숙이 자리 잡게 하는 데 큰 의미와 중요성이 있다. '농업'을 영어로는 'agriculture'라고 하는데, 이 말의 어원을 살펴보면 'agri(땅)+culture(문명, 문화)'이다. 즉 농업은 땅에서 행해지는 인류의 발자취, 문화를 일컫는 말인 것이다. 직접 흙을 파서 씨를 뿌리고 열매를 거두는 직접적인 농사를 포함해, 그렇게 거둔 수확물로 음식을 만들어 먹고 마시고 다시 자연으로 돌려보내는 생활, 서로 협동하는 정신, 절기별 놀이와 음식, 풍년을 기원하는 의식 등 자연의 흐름과 조화를 이루는 문화양식 모두가 '농업(agriculture)'에 기반한 생활이다.

공원 못지않게 상일동 공동체 텃밭에도 재미난 얘기가 넘쳐난다. 이곳에서는 2013년 양봉에 도전했다. 벌통 열 개를 가져다 놓고 벌을 키우기 시작했는데 그 꿀맛이 일품이다. 아카시아꿀·밤꿀·잡화꿀 140킬로그램 정도를 수확해 강동구 도시농업지원센터의 '싱싱드림'에서 판매했는데, 239병이 2~3일 만에 매진됐다. 이런 기특한 벌들이 요즘 장수말벌 때문에 연일 혼쭐이 나고 있다. 장수말벌은 꿀을 뺏으려고 벌집을 공격하는데, 한 마리가 다녀가면 꿀벌 200~300마리가 죽어나갈 만큼 초토화된다. 이 때문에 텃밭을 관리하는 분들이 보초를 선다. 장수말벌이 올라 치면 채를 휘둘러 기절시켜 죽이는데, 이때 실수로 벌통을 긴드려 벌에 쏘이기도 한다. 누구는 벌이 열심히 모아 놓은 꿀을 인간이 빼앗아 먹는 거 아니냐고 하지만, 상일동 텃밭에서는 사람들도 벌 떼를 지키기 위해 한 몫하는 셈이니 이 정도면 상부상조가 아닐까 싶다.

도시양봉이라 하면 대체적으로 낯설어 하거나 거부감을 나타낸다. 그러나 세계적인 대도시인 뉴욕과 런던, 도쿄 등에서는 양봉을 도입한 지 오래다. '지구상에서 벌이 없어지면 인간은 4년을 버티지 못한다'는 말도 있는데, 도시양봉은 이러한 위기를 극복하는 새로운 생태 보호 운동으로 떠오르고 있다. 도시양봉은 작물들의 수분(受粉)을 도우면서 꿀도 얻는 일거양득의 효과를 얻는다. 유엔 식량농업기구에서 '전 세계 식량의 90%를 차지하는 100대 주요 작물 중 71종이 벌들의 수분에 의존한다'고 밝힌 것처럼, 벌은 농업에 크게 이바지하고 있다.

벌집 바로 옆에는 가축 사육장이 있다. 염소와 토끼 각 한 쌍, 닭 대여섯 마리와 병아리가 모두 한 가족이다. 병아리들은 자연 부화해서인지 몸집이 다부지다. 우두머리 수탉은 지난여름 가족 곁을 떠나 '기러기 아빠' 신세로 지내야 했다. 목청이 하도 좋아 새벽부터 울어대, 바로 앞 아파트 주민들이 시끄럽다고 민원을 제기했기 때문이다. 날이 선선해지면서 가족과 재회했는데, 그래서인지 부정(父情)도 남다르다. 먹이를 던져주면 큰 것을 물고 한쪽 구석으로 가서 작게 쪼아 놓는다. 그러고서는 다른 닭들이 얼씬대면 부리로 콕 찍어 쫓아버리는데, 왜 그러나 지켜봤더니 제 새끼를 먹이려는 행동이었다. 병아리들이 먹는 모습을 지켜보는 수탉은 안 먹어도 배부른 듯하다.

양봉과 가축 사육, 이 또한 농업의 일부로 텃밭 농사와는 또 다른 매력과 의미가 있다. 아이들에게 가장 인기 있는 견학 장소이기도 하다. 도시농업에서는 풀 한 포기, 열매 하나, 벌레 한 마리라도 풍부한 스토리텔링 콘텐츠가 된다. 자라나는 아이들에게 농업 전반을 교육하는 것은 무척 중요하다. 강동구 친환경 도시농업의 첫 프로그램 역시 교육용 '친환경 체험농장'이었다. 작물에 대한 설명을 듣고 친환경 약재를 만들어 뿌리는 체험 수준에서 시작해, 지금은 모종 심기부터 가축 돌보기, 감자 캐기, 옥수수 쪄 먹기, 생태 관찰 등으로까지 발전했다. 도시농업 교육은 어떤 자연 학습보다 생생하고 어떤 환경 교육보다 효과적이다.

　이와 함께 농사를 짓지 않는 주민들도 농업에 참여할 수 있는 것이 바로 '로컬푸드' 시스템이다. 농사를 짓는 궁극적인 목적은 '음식'이고, 농사를 가장 대중적으로 포괄할 수 있는 매개체 또한 '음식'이다. 로컬푸드는 도시농업에서 빼놓을 수 없는 요소이자 최종 목표라 해도 과언이 아니다. 여기서 잠깐, '강산강소(江産江消)'를 꼭 기억해 두자. '강동에서 생산한 농산물을 강동에서 소비'한다는 의미로, 강동구의 로컬푸드를 상징하는 말이다. 내가 사는 땅에서 난 먹을거리가 내 몸에 가장 좋다는 뜻인 일본의 '지산지소(地産地消)' 운동에서 따왔는데, 강동구가 도시농업을 앞장 서서 추진하고 있는 만큼 별도의 이름이 필요한 듯해서 지었다.

　강동구는 2013년 6월 친환경 로컬푸드 직매장 '싱싱드림'을 개장했다. 농부가 직접 쓴 편지와 함께 생산한 농산물이 판매대에 나란히 놓여 있고, 매장 뒤에는 세척장과 저온보관실이 설치되어 있다. 새벽에 수확한 농산물은 씻고 포장하는 단계를 거쳐, 늦어도 오전 10시면 상품으로 나온다. '싱싱드림'을 찾는 사람들이 놀라는 점이 몇 가지 있는데, 첫째가 저렴한 가격이다. 친환경 농산물 중에서는 '최저가'를 자랑한다. 일반 농산물의 가격을 100원이라 했을 때, 이곳의 친환경 농산물은 73.5원이니 더 말해 무엇하랴. 참고로 대형마트의 친환경 농산물은 183원, 백화점은 262원 수준이다. 둘째, 저렴한 가격과 반비례하는 높은 매출 규모다. 하루 평균 매출이 꾸준히 늘어 최근에는 백만 원에 육박한다. 그래서 평상시는 물론이거니와 이벤트 상품이라도 나올 때면 경쟁이 치열하다. 셋째, 재료가 좋으니 음식 맛이 절로 난다. 김치를 담근 열무는 아삭함이 남다르고, 국에 넣은 아욱은 부드럽기가 이를 데 없다는 것이 매장 단골들이 직접 말한 품평이다. 똑 소리 나는 대한민국 아줌마들의 입소문이 이 정도라면 다른 품평은 필요 없지 않을까. 마지막으로, 고객들을 소비자가 아닌 공동체의 일원으로 대우하는 가게의 분위기다. 현재 등록회원이 1,949명에 달한다. 이들은 농산물 구입만이 아니라 다양한 문화 프로그램에도 참여한다. 대표적인 것이 '건강밥상 강좌'인데, 직장인에서부터 주부, 은퇴자, 직장인, 신혼부부 등 다양한 사람들이 어우러져 음식을 주제로 친분을 쌓는다. 요즘 인기를 얻고 있는 '소셜 다이닝(social dining)'에 가까운 형태다.

사람들에게 서울에서도 로컬푸드가 가능하냐는 질문을 자주 받는다. 강동구가 짧은 기간에 도시농업을 뿌리내리고 로컬푸드를 대중화할 수 있었던 것은 오래전부터 농사를 지어오던 농가들의 힘이 컸다. 도시농업을 시작할 때만 해도 친환경 농가는 네 곳에 불과했지만, 현재는 50곳 가까이 늘었다. 구에서 적극적으로 지원하고 농민들이 협조해준 덕분이다. 농민들은 그동안 가락시장에만 납품하다가 요즘에는 소비자와 직접 연결되는 로컬푸드 공급으로 눈을 돌렸다. 농사의 즐거움을 새롭게 발견한 것이다.

농부의 마음으로

지금까지 강동구 도시농업 4년을 돌아봤다. 글 짓는 데에 '펜'과 '종이'가 필요하듯, 농사짓는 데는 '땅'과 '사람'이 필요하다. 필요한 '땅'을 찾아 텃밭으로 조성하고 '사람(도시농부)'들의 생활에 도시농업이 스며들게 하는 질적 변화를 가져온 것에 자부심을 느낀다. 나뿐만 아니라 강동구의 직원들과 주민들도 생활 속에서 이를 체감하고 있다. 이 정도면 강동구의 4년 농사짓기 성적표는 '풍년'이라 할 수 있다. 다른 도시들을 선도하며, 해가 바뀔 때마다 전문성을 높이고 다양화를 꾀했다. 텃밭 농사에 비유하자면, 첫 해에는 상추만 심었다면 그 이듬해에는 콩이나 가지, 토마토를 재배하고, 다음해에는 감자와 고구마, 쌀, 더 나아가 약용식물과 희귀작물까지도 성공적으로 길러낸 셈이다.

이것으로 끝날 일이 아니다. 해마다 묵묵히 짓는 농사처럼 도시농업을 탄탄히 발전시켜 나가야 한다. 재배 면적을 늘리고 무너진 두둑을 보수하는 한편, 농기구를 항상 손질해 두는 농부처럼 말이다. 강동구의 비전은 '1가구 1텃밭'을 만드는 것이다. 이것은 지난 2011년 '친환경 도시농업 특구' 선포식 때, 오는 2020년까지 모든 가정에서 텃밭을 가꿀 수 있는 환경을 조성하겠다며 발표한 계획이다.

2013년 기준으로 강동구에는 총 18만 4천여 세대가 거주한다. 모든 가정이 텃밭에서, 또 옥상에서, 그리고 동네 자투리 공간과 베란다에서 각자의 방식으로 농사를 짓는 것. 4년 전민 헤도 불가능한 상상이었지만 이제는 눈앞의 현실로 다가왔다. 이 시점에서 강동구는 또 다른 과제들을 안고 있다. 도시민들의 다양한 눈높이와 욕구를 충족시킬 수 있는 맞춤형 도시농업, 전통적인 공동체 문화를 도시생활과 접목시켜 또 하나의 새로운 전통을 만들어가는 작업, 음식물 쓰레기와 낙엽 등을 최대한 퇴비로 재활용하는 지속가능한 유기농법의 보급과 적용, 저소득층도 쉽게 이용할 수 있는 로컬푸드 분점 설치, 친환경 농산물 음식점 인증제 추진, 급식을 포함해 일반 식당에서도 맛볼 수 있는 한 단계 발전한 로컬푸드,

생활 곳곳에서 재미와 볼거리가 넘치는 문화예술 프로그램, 도시농업 전문가의 육성 등 정교하게 다듬고 발전시켜 나가야 할 일이 태산이다.

이 글을 마무리하고 있는 10월 중순 현재, 배추에는 알이 차고 무는 튼실하게 살을 찌우는 중이다. 이들을 잘 키워 11월에 김장을 하고 나면 도시에도 농한기가 찾아올 것이다. 잠시 숨을 고르자 벌써부터 '이듬해 농사는 어떻게 지을까' 하는 생각이 앞선다. 농사는 하루하루가 다르고 새롭다. 그래서 어렵고, 또 가끔은 귀찮기도 하다. 하지만 어떤 활동에서도 느끼지 못하는 역동성이 잠재되어 있다.

1907년 미국 위스콘신대학교의 농학자 프랭클린 하람 킹 박사는 동아시아의 농업 현장을 직접 둘러보고 『4천 년의 농부』라는 책을 펴냈다. 그는 동아시아를 '땅을 존경하고 결과적으로 식량 생산과 인간 생활에서 영원한 지속가능성을 추구하는 문화가 뿌리내린 지역'으로 바라보았다. 농업이야말로 지속가능한 삶을 보장한다. 도시민들에게도 그것은 마찬가지다. 동아시아 농업의 전통적 지혜를 도시에 걸맞게 변주하는 역할을 한국이 해나가야 한다. 한국에서 도시농업의 모델을 만들고 이끌어갈 수 있는 곳이 어디일까? 멀리 있지 않다. 서울, 그중에서도 해가 제일 먼저 뜨는 도시 강동구이다.